AF620164

GRAMMAIRE.

AVIS.

Cet ouvrage n'est que l'abrégé d'un autre qui paraîtra incessamment, et dont le titre est : *Grammaire française, déduite des principes de la grammaire générale.*

Je mets ici l'introduction suivante pour donner une idée de la grammaire dont celle-ci est extraite.

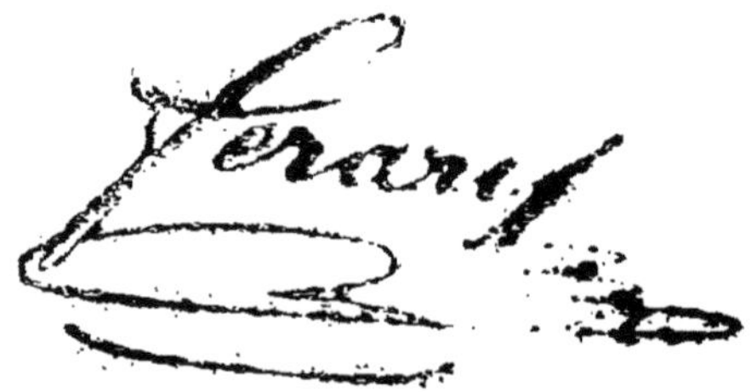

GRENOBLE.

Imprimerie de F. Allier, Grand'Rue, cour de Chaulnes.

INTRODUCTION.

On dit souvent que nous n'avons pas encore une bonne grammaire française. C'est une opinion que partagent les fonctionnaires les plus distingués de l'Université. Toutefois ce ne sont pas les livres qui manquent ; il en paraît tous les jours de nouveaux, et la plainte persiste. Dans les nombreuses grammaires qui ont été publiées, on trouve entr'autres un de ces défauts, la plupart ne donnent aucune notion de grammaire générale, et par là laissent subsister les difficultés dont se plaignent les personnes qui étudient les langues étrangères, soit anciennes, soit modernes ; les autres annoncent, dans des préfaces bien rédigées, des plans capables de satisfaire les besoins de nos études, mais qui sont loin d'être exécutés d'une manière convenable. Celles-là ne contiennent pas les connaissances nécessaires et présentent le Français comme une langue absolue. Celles-ci en entreprenant de donner les notions convenables, mais en ne les donnant qu'à demi, s'appuient sur des définitions ou des théories que les élèves ne comprennent pas ou qu'ils comprennent mal, faute de développements. Cette méthode vaut peut-être moins encore que la première; car, ne dire qu'un mot en passant de ce qui est la base de l'étude des langues, c'est embrouiller les enfants et arrêter les progrès auxquels on voulait contribuer.

A m'entendre parler ici, à voir ce que j'ai dit dans mes deux traités d'analyse, et dans mon ouvrage intitulé *Ma Méthode*, on doit être curieux de la manière dont j'entends la composition d'une grammaire française. Je ne prétends pas assurément jeter de la défaveur sur les livres qu'on a publiés à ce sujet; il y a du bon partout sans doute, je me plais à le reconnaître. En méditant bien sur tout ce qu'on a dit, il y a moyen de faire un livre satisfaisant et de montrer la fausseté de quelques théories, en mettant à leur place des vues nouvelles et justes tout ensemble. Ce n'est pas chose facile toutefois que de bien discerner ce qu'il faut prendre de ce qu'il faut laisser; et l'on ne doit pas avoir médiocrement réfléchi sur le mécanisme des langues, si l'on veut donner à chaque objet la place qui lui convient, et procéder d'une manière qui, pour présenter une utilité réelle, doit être logique et rationnelle. Si pour faire une bonne grammaire française, il suffisait d'avoir beaucoup lu, je pourrais être l'homme capable de donner un tel livre ; mais comme au goût de l'étude, il faut joindre la plus grande sagacité, je n'oserais me flatter d'avoir réussi au point de ne rien laisser à désirer. Le public jugera mon travail : je le prie de considérer que, dans cette entreprise difficile, j'ai eu pour but l'intérêt de la jeunesse à laquelle je me suis consacré.

Voici le plan de cet ouvrage : je l'ai divisé en deux parties. Dans la première, je définis les différentes espèces de mots, de manière à donner des notions complètes sur leur nature et sur leur origine. Dans la seconde, je traite de la syntaxe, c'est-à-dire, de la méthode à suivre pour joindre ensemble ces espèces de mots, dans toutes les langues, et en particulier dans la langue française. Je me rapproche autant qu'il est possible de la syntaxe latine et de la syntaxe grecque, afin que les enfants qui doivent les étudier, puissent, dès l'abord, se trouver sur un terrain en partie déjà connu. Il n'est rien comme l'analogie pour leur rendre le travail facile, et c'est à nous de les faire profiter de l'expérience que nous avons acquise. D'ailleurs, de la syntaxe rapprochée de ces trois langues découlera naturellement, et à peu de chose près, la connaissance de celles des langues modernes à la formation desquelles le grec et le latin ont contribué.

J'ai dit, dans mon ouvrage intitulé *Ma Méthode*, que la méthode synthétique est de rigueur pour un enseignement quelconque. Aussi je ne donne la règle particulière à la langue française qu'après avoir énoncé le principe commun à toutes les langues; pour le même motif, je commence mon livre par l'interjection. Je la développe ensuite en entrant dans les détails, et en conduisant l'élève du connu à l'inconnu, du simple au composé. C'est le procédé du maître; il donne d'abord la règle générale et part de la synthèse qu'il résout ensuite en ses éléments constitutifs. Il va du sommet à la base, puis de la base au sommet, et dans ce retour vers la synthèse, il marche d'une manière plus assurée que celui qui, au moyen de l'induction et par faits isolés, veut arriver à une proposition générale. L'un revient d'un pas ferme au point d'où il est parti; l'autre vise au même but, mais pour y atteindre il est obligé de tâtonner parce qu'il n'a pas eu le même point de départ. En d'autres termes, l'un débute par la synthèse, l'autre, par l'analyse; l'un instruit, l'autre s'instruit, et tous les deux font le même trajet, mais par un chemin différent.

En développant la synthèse, et après avoir parlé des lettres qui sont les éléments les plus simples du discours, je définis les espèces de mots dont les langues se servent, et je fais voir les règles d'après lesquelles s'unissent les périodes, les phrases et les mots. Je termine par un petit traité de ponctuation, dans lequel je montre jusqu'à quel point il faut connaître, pour bien ponctuer, les opérations intellectuelles que nous faisons subir à nos pensées avant de leur donner une forme matérielle.

J'ose dire et je soutiens qu'il n'y a pas d'autre moyen de procéder, et que ce moyen doit être le même pour tous, parce qu'il tient à la nature de l'esprit humain.

Mais avant d'apprendre aux enfants de quelle manière on doit parler, il convient de leur dire tout ce qu'il est nécessaire de savoir sur le mécanisme des langues. Comme la parole est la représentation de la pensée, il faut établir une comparaison entre elles pour savoir si elles existent avec la même simplicité. Si cette simplicité est altérée d'un côté, il est nécessaire de leur apprendre pourquoi, et de leur montrer comment on est arrivé par composition à rendre les unités synthétiques de la nature et de la pensée. Cette première étude est essentielle: ne pas la faire, c'est s'exposer d'une manière certaine à l'erreur; c'est donner aux enfants des idées fausses qui nuiront à leur instruction. Qu'on n'aille pas dire que ces explications les embrouillent; ce serait faire injure à la créature et au créateur: à la créature, en lui donnant d'elle-même une idée peu digne; au créateur, en ne pas reconnaissant que, par sa bonté, nous sommes capables, dès l'âge le plus tendre, de saisir les finesses de cette pensée dont il nous a dotés. Il nous a donné d'un côté les moyens qu'il a refusés de l'autre à la capacité de notre intelligence, et il nous les a donnés sans limites. N'apprenons donc rien à nos élèves sans l'appuyer du raisonnement, sûrs d'être toujours compris si nous avons soin de présenter nos leçons d'une manière convenable. Pour moi, je vais tâcher que le livre dont je m'occupe, soit le plus fidèlement possible le développement du plan que je viens d'exposer; je ferai en sorte surtout qu'on ne puisse pas me faire le reproche d'avoir tronqué ce que j'ai à dire sur la métaphysique du langage.

Avant d'entrer en matière, je présenterai quelques considérations sur les moyens que l'homme emploie pour produire au-dehors ses sentiments.

De la parole considérée comme expression de la pensée.

L'homme a reçu de la nature la faculté de penser et de combiner ses idées. La pensée se présente sous deux points de vue, ou comme faculté, ou comme résultat de faculté. Comme faculté, c'est la propriété d'avoir des idées, de s'occuper des unes préférablement aux autres, de les rapprocher pour saisir les rapports qui les unissent ou les différences qui les distinguent. Comme résultat de faculté, la pensée est le jugement que nous portons sur les idées que nous avons comparées. Je ne dirai point ici ce que c'est que l'*idée*, l'*attention*, la *comparaison*, etc., parce que mon but n'est pas de faire un cours de psychologie. Ce jugement que nous portons sur les idées dont notre esprit s'est occupé, serait perdu pour nos semblables, s'il ne nous était pas donné de le produire au dehors; il s'effacerait même bientôt de notre souvenir, et pour le reconstituer nous serions obligés de refaire l'opération métaphysique dont il aurait été le résultat. Notre perfectionnement intellectuel serait très-borné, et chacun ne serait riche qu'à proportion de la dose d'intelligence qu'il aurait reçue de la nature. Mais il n'en a point été ainsi : nous sommes doués de la parole qui nous sert à communiquer nos connaissances aux autres, et à profiter des leurs. La parole ou le langage parlé se conserve au moyen du langage écrit; l'un et l'autre sont très-utiles, mais si on les considère sous le point de vue de leur importance respective, le dernier est plus propre à augmenter notre instruction. Le premier est fugitif, le second persiste et se transmet d'âge en âge. Que de découvertes sans lui ne seraient point arrivées jusqu'à nous ! C'est à peine si nous pourrions tirer quelque profit de celles qui appartiendraient au temps où nous vivons. Toutefois comme notre but n'est point ici de faire ressortir leur valeur relative, occupons-nous de la question que nous nous sommes proposée, et voyons comment le langage soit parlé, soit écrit, est propre à représenter nos pensées.

Si nous pouvions soufler, pour ainsi dire, dans l'esprit des autres les jugements divers que le nôtre porte sur les objets dont il s'occupe, cette communication serait aussi rapide que la pensée. La pensée à peine formée rayonnerait à notre gré comme le son se propage dans l'air, et nous aurions l'avantage de transmettre nos jugements dans la synthèse que notre esprit leur aurait donnée. La communication de nos sentiments aurait lieu avec la même rapidité que celle du fluide électrique. En effet, je m'occupe, par exemple, de l'idée représentée par le mot *Dieu*, et je veux savoir si je puis lui appliquer celle qu'exprime l'adjectif *bon*. Je rapproche les deux termes que je veux comparer, et lorsque j'ai reconnu que la qualité convient au sujet, je l'unis à l'idée de substance; de sorte que ces deux idées, tout en conservant leur individualité, se trouvent, dans ma pensée, réunies en une seule par l'affirmation que j'ai donnée intellectuellement. Si le langage pouvait aller d'une manière parallèle à la pensée, je produirais ce jugement tel qu'il se trouve dans mon intelligence, c'est-à-dire, par un seul mot qui exprimerait tout à la fois, l'idée de la substance, celle de la qualité et le signe du rapport perçu entre l'une et l'autre. Au lieu de cela, je suis obligé de reproduire par la parole ou par le langage écrit les idées présentées d'une manière analytique, c'est-à-dire, d'abord le sujet, ensuite l'attribut, sans oublier de mettre entre l'un et l'autre le signe du rapport ; de sorte, que mon jugement, composé dans ma pensée autant qu'il peut l'être, revêt dans le langage cette forme *Dieu est bon.* Cet inconvénient est bien autre lorsqu'il s'agit d'énoncer une série de jugements, de faire un discours entier. Nos pensées sont alors comme le bloc de marbre qui prend des formes sous le ciseau de l'artiste. Elles sont toujours présentées à travers une gaze plus ou moins transparente, suivant que celui qui parle ou qui écrit, les exprime avec plus ou moins de clarté ; comme le marbre se change en une statue physique, plus ou moins ressemblante à la statue conçue par l'intelligence, suivant que l'artiste sait rendre ses conceptions avec plus ou moins de talent.

Il est des langues qui ont fait effort pour reproduire avec la plus grande fidélité possible les synthèses de nos jugements intellectuels, et de là elles ont pris le nom de synthétiques (1). C'est encore ce désir de se rapprocher

(1) Toutes les langues sont à la fois analytiques et synthétiques ; mais suivant qu'elles emploient plus fréquemment l'analyse ou la synthèse, elles s'appellent analytiques ou synthétiques. Une langue est synthétique lorsqu'elle groupe en un seul mot plusieurs idées auxquelles dans d'autres langues une seule expression ne suffit pas. Elle est encore synthétique, lorsque au moyen d'une terminaison nouvelle donnée à un mot, elle exprime un nou-

de la pensée qui amène tant d'ellipses dans les langues en général, et dans quelques-unes en particulier. Celles qui suivent plus particulièrement le moyen d'énonciation de la proposition *Dieu est bon*, ont reçu le nom d'analytiques, c'est-à-dire, de langues décomposant les jugements et les présentant dans l'état par lequel l'esprit les fait passer avant de les constituer.

Ce serait encore un petit inconvénient si chaque idée était représentée par un seul mot; mais c'est la propriété seulement des noms propres, et encore arrive-t-il quelquefois qu'ils ont besoin eux-mêmes d'être déterminés, lorsque sans cesser de représenter un individu particulier, ils ont pourtant été donnés à plusieurs individus. Mais le grand nombre des unités tant physiques que métaphysiques, le plus grand nombre encore de leurs qualités, et le grand nombre des idées que nous formons à l'occasion des unes et des autres par les rapprochements auxquels nous les soumettons, sont venus encore entraver l'expression syn-

veau rapport qui, dans un autre idiôme, est indiqué par un terme particulier. Ainsi dans *liber Petri*, la terminaison du mot *Petri* indique un rapport marqué en français par une préposition, *le livre de Pierre*. Voyez pour plus de détails ce que j'ai dit à ce sujet dans mon ouvrage intitulé *Ma Méthode*.

thétique de la pensée. Ce qu'il y a de plus remarquable, c'est que la plupart des contours que nous sommes obligés de faire dans le langage, ne servent qu'à nous ramener ou au point de départ, c'est-à-dire, à l'individualité, ou à un des points du chemin que nous avons parcouru. C'est une chose dont nous allons nous convaincre par l'histoire de la formation du langage.

Tout est synthèse dans les langues comme dans la nature et dans nos idées; mais nous allons voir que dans les langues la plupart des synthèses sont des synthèses de ricochet. Il faut pourtant laisser de côté les synthèses de jugements qui n'ont lieu que dans notre intelligence, et que le langage ne peut jamais reproduire d'une manière parallèle. Dans les langues synthétiques comme dans les langues analytiques, nos jugements en action ne peuvent jamais être reproduits tels qu'ils sont dans l'intelligence; le langage les décompose toujours plus ou moins. Je dis *nos jugements en action*, car nos jugements en résultat peuvent quelquefois être exprimés avec la synthèse qui est dans l'esprit. Quand je dis; *Dieu est bon*, c'est un jugement en action ou actuel que nous ne pouvons rendre avec la synthèse de l'intelligence; mais très-souvent le jugement en action ou actuel contient des jugements en résultat qu'il est quelquefois possible d'exprimer synthétiquement, tels qu'ils sont dans la pensée au moment de l'énonciation du jugement actuel, et dépouillés du signe de l'affirmation lequel ne leur est plus nécessaire. Ainsi quand je dis que *l'homme laborieux est digne d'éloge*, les langues qui rendent par un seul mot les idées *homme laborieux*, expriment un jugement en résultat avec la synthèse intellectuelle ; quant à l'autre, qui consiste à dire que *cet homme est digne d'éloge*, il est plus ou moins analysé dans quelque langue que ce soit. Mais revenons à la formation du langage.

Dans le principe, le premier individu aperçu de chaque espèce, a reçu un nom particulier, un nom qui le distinguait de tous les autres individus de son espèce, et à plus forte raison de ceux d'une espèce différente. Ce nom, qui était nom propre, ne se bornait pas à isoler l'objet de tous les autres objets ; il le représentait encore avec toutes les qualités que l'analyse avait découvertes en lui, de même que le mot *Pierre* exprime tout à la fois et l'individu qui porte ce nom et toutes les qualités de cet individu ; de sorte que prononcer le mot, c'était énoncer en même temps et la substance et les modifications de l'objet dont il était le représentant. Jusques-là le langage allait de pair avec la nature et la pensée. Pour que cette égalité ne fût point altérée, il aurait fallu un mot particulier pour exprimer chaque individu de chaque espèce. Mais notre intelligence n'aurait pas suffi à la trop grande multiplicité des noms ; les uns auraient fait oublier les autres ; nous aurions perdu à proportion que nous aurions acquis, et les opérations par lesquelles nous aurions donné un nom particulier à chaque individu, auraient été à refaire toutes les fois que d'autres les auraient fait oublier. Alors nous nous sommes créé une pensée nouvelle différente de la pensée primitive, et en falsifiant le discours, nous avons falsifié la nature et la pensée. La pensée primitive est restée dans notre intelligence, et c'est là précisément ce qui cause la différence que nous trouvons entre elle et le langage. Les individus ne se confondent pas dans notre esprit ; un arbre pour lui est un objet distinct de tous les autres, et dans le langage, le mot *arbre*, terme d'espèce ou de genre, n'est pas le représentant d'un individu isolé. Il n'est que l'expression des qualités communes à tous les objets auxquels nous avons donné ce nom ; mais les qualités particulières à chacun de ces objets où sont–

elles ? Dans la nature et dans notre esprit, mais non point dans le langage. La même observation est applicable aux modifications de ces objets, quand on a voulu les désigner par des noms comme les substances ; le langage n'a réellement représenté que le premier aperçu de chaque espèce. Le mot *rouge*, par exemple, a été d'abord le nom propre de la qualité ainsi appelée ; mais ensuite il n'a plus été que l'expression de la *rougeur* en général, abstraction faite du plus ou du moins. Même observation à faire encore pour les noms abstraits, tels que *vertu*, *beauté*, *amabilité*, etc. Ils ne signifient aujourd'hui que la qualité commune aux personnes vertueuses, aux objets beaux, aux individus aimables, sans énoncer le degré où ces avantages se trouvent dans chaque objet.

Un fait remarquable, c'est que cette différence qui dès le principe s'est montrée entre la pensée et la nature d'une part, et le langage de l'autre, semblait annoncer que nous ne pouvions dans aucun cas représenter les synthèses naturelles ou intellectuelles. Cependant il est vrai que nous pouvons exprimer les individualités soit de substances, soit de modifications, mais en défaisant, bien entendu, ce que nous avons fait. Au moyen de certaines idées accessoires, nous pouvons diminuer l'étendue produite par la généralisation et la restreindre même jusqu'à l'individualité. Mais, remarquons-le encore, combien sommes-nous loin ici de la simplicité de la pensée ! J'ai l'idée, par exemple, d'un arbre particulier ; il se trouve dans mon intelligence formant un seul tout avec toutes ses qualités ; tandisque si je veux le désigner, je suis obligé de l'individualiser par des accessoires, et de dire : *cet arbre, l'arbre que je vous montre, l'arbre que vous voyez, l'arbre à l'ombre duquel nous nous trouvons* etc, toutes expressions infidèles de ma pensée, équivalentes à un nom propre, mais nom propre qui n'a de consistance que pour le moment, qui n'existe plus un moment après celui de la parole, et que je serai obligé de refaire lorsque je voudrai désigner le même arbre. Quelle différence entre le langage et la pensée, et que de fois cette différence se reproduit ! Voilà pour les objets physiques, voici pour les objets métaphysiques.

Si maintenant nous passons aux objets qui n'existent que dans notre intelligence, et par suite dans le langage, nous trouverons que celui-ci ne représente exactement la pensée que quand les substantifs métaphysiques restent à l'état d'idée générique, la généralisation une fois opérée, comme *vertu*, *couleur*, *blancheur*, *verdure*, *modération*, etc. Si par la pensée nous voulons restreindre ou individualiser ces idées, nous le pouvons par la seule réunion de plusieurs idées en une seule ; dans le langage, au contraire, nous sommes obligés d'avoir recours à des moyens semblables à ceux que nous venons de voir pour le mot *arbre*, et nous disons *la vertu de votre mère*, *la couleur de mon habit*, *la blancheur de votre robe*, *la verdure des champs*, *la modération que vous avez montrée* ; ce qui nous prouve que dans aucun cas ou presque dans aucun cas le langage ne peut représenter la pensée telle qu'elle est, mais n'est qu'un moyen factice plus ou moins exact, suivant l'habileté de celui qui s'en sert, de produire nos sentiments au dehors. Pour exprimer nos idées d'une manière analogue à ce qu'elles sont dans notre intelligence, il faudrait ne faire usage que d'interjections, ce qui serait possible si nous en avions une pour exprimer chaque jugement. Alors le langage serait la copie exacte de la pensée, tandisque les moyens dont nous faisons usage, la désignent mal et nuisent par conséquent à son énonciation bien entière.

Ce n'est pas tout encore : le même mot offre souvent des acceptions différentes. Ainsi *distinguer*, par exemple, signifie tantôt *ne pas confondre*, et tantôt *priser*, *faire cas*; *despicio* signifie d'abord *regarder de haut en bas*, ensuite *mépriser*; *habere* seul signifie *avoir*; modifié d'une certaine manière, il exprime l'idée d'un traitement flatteur ou désavantageux suivant le sens du mot déterminant; *est placé* doit être rendu par *ponitur* ou par *positus est* selon qu'il exprime une action actuelle ou une action en résultat; *s'avancer* se dit d'une portion de terre qui pénètre dans la mer, ou d'une personne qui marche réellement, etc., etc., Quelle attention ne faut-il pas, quel jugement n'est pas nécessaire pour bien saisir, au milieu de tant de difficultés, la pensée de celui qui parle?

Tels sont les moyens que nous avons pour transmettre ce que nous sentons. Pouvons-nous prendre trop de soin pour les bien connaître nous-mêmes et pour en ménager une connaissance exacte à la jeunesse qui doit les étudier avec nous, alors surtout que ces différences varient encore d'une langue à une autre langue, qu'une figure reçue dans un idiôme ne l'est pas dans un autre?

ABRÉGÉ

DE LA

GRAMMAIRE FRANÇAISE

DÉDUITE DES PRINCIPES DE LA GRAMMAIRE GÉNÉRALE.

PREMIÈRE PARTIE.

Notions préliminaires.

1. L'étude de la grammaire nous apprend à parler et à écrire d'une manière correcte.

2. L'expression de nos sentiments et de nos pensées forme le discours. Le discours se compose de propositions ; les propositions se composent de mots ; les mots sont composés de syllabes ; les syllabes vocales sont composées de sons, et les syllabes écrites, de lettres.

3. Il y a deux sortes de lettres : les voyelles et les consonnes.

4. Les voyelles sont *a*, *e*, *i*, *o*, *u*, *y*. On les nomme voyelles, parce que seules elles représentent une voix, un son.

5. Les consonnes sont *b*, *c*, *d*, *f*, *g*, *h*, *j*, *k*, *l*, *m*, *n*, *p*, *q*, *r*, *s*, *t*, *v*, *x*, *z*. On les appelle consonnes, parce qu'elles représentent des sons qu'on ne saurait articuler sans voyelles.

6 Les voyelles sont longues ou brèves. Dans la prononciation on appuie un peu moins sur celles-ci, un peu plus sur celles-là.

La même voyelle peut être longue dans un cas, et brève dans un autre. Ainsi :

a est long dans *pâte*, et bref dans *patte*.

e est long dans *bêche*, et bref dans *brèche*.

i est long *épître*, et bref dans *petite*.

o est long dans *apôtre*, et bref dans *dévote*.

u est long dans *flûte*, et bref dans *butte*.

7. Il y a trois sortes d'*e* : l'*e* muet, l'*é* fermé et l'*è* ouvert.

L'*e* muet représente un son peu sensible, *poire*, *pomme*, quelquefois même cette voyelle est nulle, *je prierai*, *paiement*; l'*é* fermé se prononce la bouche presque fermée, *aménité*, *rocher*; l'*è* ouvert se prononce la bouche un peu plus ouverte, *succès*, *modèle*, *il appelle*.

8. La consonne *h* est muette ou aspirée : elle est muette quand elle n'est comptée pour rien dans la prononciation, l'*homme*, l'*honneur*; elle est aspirée quand on ne peut joindre en prononçant le mot où elle se trouve avec celui qui précède, *le hameau*, *le héros*.

9. Le discours se compose de dix espèces de mots différentes : l'*interjection*, *le substantif*, *le pronom*, *l'article*, *l'adjectif*, *le verbe*, *le participe*, *la préposition*, *la conjonction* et *l'adverbe*.

10. Parmi ces espèces de mots, les unes varient et les autres ne varient pas : celles qui varient sont *le substantif*, *le pronom*, *l'article*, *l'adjectif*, *le verbe et le particive* celles qui ne varient pas

sont l'*interjection*, *la préposition*, *la conjonction* et l'*adverbe*.

CHAPITRE I.

De l'Interjection.

11. L'interjection est le premier langage de l'homme. Avant de pouvoir articuler des sons, c'est par des cris qu'il exprime ses sentiments, soit de plaisir, soit de douleur. Dans le cours de sa vie, il se sert encore de ce premier langage toutes les fois que son âme éprouve une affection vive et subite.

12. Les principales interjections sont :

Ha ! pour exprimer la surprise.

Ah ! aie ! hélas ! pour marquer la douleur.

Oh ! ah ! pour exprimer l'étonnement.

Fi ! pour marquer l'aversion.

Paix ! chut ! pour imposer silence.

Holà ! pour appeler.

Hé bien ! pour interroger.

CHAPITRE II.

Du Substantif.

13. Le substantif représente les objets, soit animés, comme *Paul*, *Alexandre*, *cheval* ; soit inanimés, comme *arbre*, *chaise*, *chapeau*.

14. Tout substantif a été primitivement substantif propre : dans le principe, les mots *cheval*, *arbre*, *chaise*, *chapeau*, ont été employés pour représenter un seul individu, comme les mots ***Paul*** et *Alexandre*.

15. Mais bientôt on s'aperçut de la peine que l'on éprouverait à créer un nom pour chaque objet, et surtout à retenir une si grande quantité de mots. Alors on donna le même nom à tous les individus qui avaient plusieurs points de ressemblance. Ainsi les mots *cheval*, *arbre*, *chaise*, *chapeau*, etc., furent appliqués à tous les chevaux, à tous les arbres, à toutes les chaises, à tous les chapeaux.

16. Si nous voulons parler d'un cheval, d'un arbre, d'une chaise ou d'un chapeau en particulier, nous ajoutons des idées pour les déterminer et nous disons, par exemple, *mon cheval*, *l'arbre qui est près de ma maison*, *la chaise de Charles*, *le chapeau de ma sœur*. Les mots *cheval*, *arbre*, *chaise*, *chapeau*, au lieu de représenter, comme précédemment, tous les chevaux, tous les arbres, toutes les chaises, tous les chapeaux, n'expriment plus que le cheval qui m'appartient, l'arbre qui est dans le voisinage de ma maison, la chaise d'un individu qui s'appelle Charles et le chapeau d'une personne qui est ma sœur.

17. Il est une autre espèce de substantif représentant des objets que l'on ne voit point et qui n'ont d'existence que dans notre pensée. Tels sont : *vertu*, *sagesse*, *prudence*, etc.

18. D'autres sont tirés des qualités physiques que nous trouvons dans les objets : *rougeur*, *rondeur*, *blancheur*, etc. Ces deux espèces de substantifs s'appellent substantifs *abstraits*.

19. Quelquefois nous réunissons plusieurs mots pour former un seul substantif : *basse-taille*, *chef-lieu*, *chef-d'œuvre*, *ciel-de-lit*. Ces substantifs sont appelés substantifs *composés*.

20. Tout substantif, soit propre, soit commun, peut être considéré sous le rapport de la *compréhension* et de l'*extension*. On entend par compréhension le nombre des idées partielles qui servent à former une idée composée, et par extension, le nombre des individus auxquels une idée s'applique.

21. La compréhension de l'individu *Paul* se compose de toutes les qualités de Paul ; l'extension, c'est Paul lui-même ; la compréhension du substantif *arbre* se forme des idées partielles d'*avoir un tronc*, *des branches*, *des feuilles*, d'*être produit par la terre*, etc ; il embrasse tous les arbres dans son extension.

22. Comme on peut considérer un seul objet, ou plusieurs objets réunis, les substantifs, par une propriété qu'on appelle *nombre*, désignent ou un seul individu ou plusieurs individus ; de là le *singulier* et le *pluriel*: le singulier a lieu quand on ne parle que d'un seul individu : *Paul est studieux;* le pluriel, quand on parle de plusieurs: *Pierre et Paul jouent*, *les enfants sont légers*.

23. Il est pourtant des substantifs qui n'admettent que le singulier : *jeunesse*, *humanité*, etc. d'autres ne sont usités qu'au pluriel : *ancêtres* ; *mœurs*, etc.

24. Les mots invariables qui sont employés comme substantifs, ne prennent point la marque

du pluriel : les *pourquoi*, les *non*, les *oui*, les *car*, etc.

25. Il en est de même des substantifs empruntés des langues étrangères : des *alinéa*, des *te deum*, des *post-scriptum*, etc. On dit pourtant des *factums*, des *débets*, des *opéras*, des *bravos*, des *altos*, des *duos*, des *trios*, des *folios*, des *factotums*, des *numéros*, des *pensums*, des *récépissés*, des *reliquats*, des *spécimens*, des *zéros*.

Impromptus et *accessits* s'écrivent avec ou sans *s*.

26. Les noms propres, quand ils représentent les individus qu'ils ont d'abord désignés, restent aussi invariables : *Les deux Corneille sont nés à Rouen*; ils varient lorsqu'ils sont employés en vertu d'une comparaison, parce qu'ils sont pris comme noms communs : *Un coup-d'œil de Louis enfantait des Corneilles*, c'est-à-dire, *des hommes comme Corneille*.

27. Il ne faut pas confondre ce cas avec celui où le substantif ne désigne qu'un seul individu : *Les Corneille et les Racine ont illustré la scène française* est pour : *Corneille et Racine ont illustré la scène française*. On le reconnaît quand on peut retrancher l'article sans altérer le sens de la phrase.

28. Parmi les substantifs formés de deux substantifs, les suivants ne prennent pas la marque du pluriel à un des mots qui les composent :

Un bec-figues (oiseau dont le bec pique les figues), *des bec-figues*.

Un appui-main (un appui pour la main), *des appuis-main.*

Un hôtel-Dieu (un hôtel de Dieu), *des hôtels-Dieu.*

Un brèche-dents (qui a une brèche dans les dents), *des brèche-dents.*

Dans le premier cas, le mot *bec* doit rester au singulier, parce que chacun des oiseaux dont il s'agit, n'a qu'un bec.

Dans le second, c'est une bizarrerie, parce que nous avons deux mains.

Dans le troisième, le substantif *Dieu* doit rester au singulier parce qu'il n'y a qu'un Dieu, et que d'ailleurs la préposition *de* est sous-entendue.

Dans le quatrième, le mot *brèche* ne prend point la marque du pluriel, le mot *brèche-dents* signifiant non des individus qui ont des brèches, mais des individus qui ont une brèche dans les dents.

29. Parmi les substantifs formés d'un substantif et d'un adjectif, les suivants sont toujours invariables à un des mots qui les composent.

Des blanc-seings (des seings en blanc).

Des terre-pleins (des lieux pleins de terre).

Des chevau-légers.

Des grand'mères.

On dit *grand'messe* ou *grande messe*, des *grand'messes* ou des *grandes messes.*

Dans le premier cas, l'adjectif *blanc* ne qualifie pas le substantif *seings*, parce que ce dernier mot signifie *signature* et que les signatures ne sont jamais blanches. *Des blanc-seings* sont des signatures mises sur du papier blanc.

Dans le second, le mot *terre* ne doit point prendre la marque du pluriel parce qu'on ne parle point de plusieurs terres, et que d'ailleurs la préposition *de* est sous-entendue.

Dans le troisième, c'est une bizarrerie, parce qu'on parle de plusieurs chevaux.

Dans le quatrième, on laisse l'adjectif *grand* invariable pour plaire à l'oreille.

30. Parmi les substantifs composés formés de deux substantifs unis par une préposition, les suivants, contre la règle générale, gardent le premier invariable. L'autre l'est toujours nécessairement.

Des coq-à-l'âne (discours sans suite où l'on passe *du coq à l'âne*).

Des pied-à-terre (logements où l'on a seulement *un pied à terre*).

Des tête-à-tête (entrevues où l'on est *seul à seul*).

Dans le premier cas, le substantif *coq* ne prend point la marque du pluriel, parce que l'idée de pluralité ne retombe pas sur lui, mais sur le substantif *discours* sous-entendu.

Dans le second, *un pied-à-terre* ne signifie pas *qu'on a un seul pied à terre* : *un pied-à-terre* est un logement peu étendu.

Dans le troisième, le mot *tête* ne varie point, parce que chacun des individus n'ayant qu'une tête, il n'y a pas pluralité dans l'idée.

31. Parmi les substantifs composés formés d'un

substantif joint à un verbe, à un adverbe ou à une préposition, le substantif qui seul varie ordinairement, est invariable dans les cas suivants:

Des serre-tête (bonnets qui serrent la tête).

Des réveille-matin (horloges qui réveillent le matin).

Des contre-poison (remèdes contre le poison).

Dans le premier cas, le mot *tête* est au singulier, parce que chacun n'ayant qu'une tête, il n'y a pas pluralité dans l'idée.

Dans le second, ce ne sont pas les matins qui sont réveillés, mais les individus qui sont réveillés le matin; l'idée de pluralité tombe sur le substantif *horloges* sous-entendu et non sur le mot *matin*.

Dans le troisième, le mot *poison* ne prend point la marque du pluriel, parce que l'idée de pluralité s'applique non point à lui, mais au mot *remèdes* non exprimé.

32. Au contraire on dit au singulier comme au pluriel : *essuie-mains*, *porte-mouchettes*, *cure-dents*, *porte-clefs*, parce qu'il s'agit de deux mains (chacun de nous en a deux), des deux branches de l'instrument appelé *mouchettes*, de plusieurs dents et de plusieurs clefs.

33. Les substantifs composés formés de mots invariables de leur nature, tels que *verbe*, *adverbe*, *préposition*, ne prennent la marque du pluriel à aucun des mots qui les composent : *des pour-boire*, *des passe-passe*, *des passe-partout*, etc.

34. Il est des substantifs qui, quoique au sin-

gulier, désignent plusieurs objets. *troupe, foule, multitude, la plupart*; on les nomme *collectifs*.

35. Ces substantifs se divisent en collectifs *généraux* et en collectifs *partitifs* : les collectifs généraux sont ceux qui embrassent la totalité des objets : *la multitude des enfants est légère;* les collectifs partitifs n'en expriment qu'une partie : *nous avons rencontré une multitude d'enfants.*

Dans le premier cas, le substantif *multitude* est collectif général, parce qu'il embrasse tous les enfants; dans le second, il est collectif partitif, parce qu'il n'en représente qu'une partie.

Formation du pluriel dans les Substantifs.

36. Le pluriel des substantifs se forme par l'addition d'une *s* au singulier : *un homme, des hommes; une table, des tables; un cou, des cous; un portail, des portails; un gouvernail, des gouvernails.*

Exceptions.

1° Les substantifs terminés au singulier par *s*, *x*, *z*, ne changent point au pluriel : *un héros, des héros; une voix, des voix; un nez, des nez;*

2° Les substantifs en *au* et *eu* prennent *x* au pluriel : *un hameau, des hameaux; un troupeau, des troupeaux; un cheveu, des cheveux; un jeu, des jeux;*

3° Les substantifs suivants prennent un *x* au lieu d'une *s* : *bijoux, cailloux, choux, genoux, hiboux, joujoux et poux;*

4° Les substantifs qui ont au singulier la terminaison *al*, la changent au pluriel en *aux* : *un cheval, des chevaux ; un animal, des animaux.* On en excepte *bal, carnaval, régal*, qui font *bals, carnavals, régals* ;

5° Les substantifs suivants changent *ail* en *aux* : *bail; corail, émail, soupirail, travail; baux, coraux, émaux, soupiraux, travaux. Ail* fait *aulx; bétail* n'est usité qu'au singulier; au pluriel on se sert du mot *bestiaux ;*

6° *Ciel, œil, aïeul*, ont deux pluriels :

Ciel fait *cieux* quand il s'agit du firmament : *les cieux annoncent la gloire de Dieu.*

Il fait *ciels* dans tous les autres cas : *ciels de lit, ciels de tableaux, ciels de carrière*, et même lorsqu'il signifie *température, climat* : *L'Italie est sous un des plus beaux ciels de l'Europe.*

Œil fait *yeux* quand il s'agit de la vue : *des yeux bleus, des yeux noirs* ;

Hors de là il fait *œils : des œils de bœuf, les œils de la soupe, les œils du fromage.*

Aïeul fait *aïeuls*, quand il désigne le grand père paternel et le grand père maternel : *ses deux aïeuls ont rempli les premières charges* ;

Il fait *aïeux* quand il est pris dans le sens d'*ancêtres : Métellus voulait que ses soldats suivissent la discipline de leurs aïeux.*

37. Les substantifs qui se terminent en *ant* ou en *ent* perdent ou gardent le *t* au pluriel : *des présents* ou *des présens*, etc.

Font exception à cette règle les substantifs d'une seule syllabe qui gardent toujours le *t* : *des dents*, *des gants*.

38. Comme parmi les hommes et parmi les animaux on distingue le mâle et la femelle, les substantifs ont une autre propriété qu'on appelle *genre*. Le genre masculin désigne les mâles ; le genre féminin désigne les femelles.

39. Tous les autres objets auraient dû rester sans cette distinction. Mais, par imitation, on a donné un des deux genres à des individus qui ne sont ni mâles ni femelles. Ainsi *livre*, *chapeau*, etc., sont du genre masculin ; *chaise*, *table*, etc., sont du genre féminin.

40. Quelques substantifs adoptent les deux genres :

41. *Aigle* est féminin dans le sens d'*enseigne* : l'*Aigle romaine*. Il est masculin dans tout autre cas : l'*aigle plein de fierté plane dans les airs ; le grand aigle de la légion d'honneur*. On dit : *c'est un aigle*, pour désigner un homme d'un grand mérite.

42. *Automne* peut recevoir les deux genres ; mais il est mieux de lui donner le masculin, parce que les noms des autres saisons sont de ce genre : l'*automne a été pluvieux*.

43. *Couple* est féminin quand il exprime le nombre deux : *prêtez-moi une couple d'œufs ;* il est masculin quand il marque la réunion du mâle et de la femelle : *voilà un beau couple*.

44. *Enfant* est masculin, s'il s'agit d'un garçon :

le bel enfant! féminin, s'il s'agit d'une fille : *voilà une belle enfant.*

45. *Exemple* est toujours masculin, excepté lorsqu'il signifie *un modèle d'écriture : on m'a donné une belle exemple d'anglaise.*

46. *Foudre* employé sans adjectif est féminin : *la foudre est tombée;* s'il est qualifié par un adjectif, il est féminin ou masculin ;

Quand il prend une autre signification que celle qui lui est propre, il est masculin : *un foudre de guerre*, pour dire *un grand capitaine.*

47. *Gens* veut au féminin tous les modificatifs qui le précèdent, et au masculin tous ceux qui le suivent : *les vieilles gens sont soupçonneux; toutes les bonnes gens lui sont dévoués.*

48. Cependant au lieu de *toutes* on emploie *tous:*

1° Quand cet adjectif est seul devant le mot *gens : tous les gens d'esprit sont d'accord sur cet ouvrage;*

2° Quand le mot *gens* est précédé d'un adjectif qui n'a qu'une terminaison pour les deux genres, comme *sage, docile, honnête*: *tous les honnêtes gens estiment votre père.*

Cependant le mot *gens* suivi de la préposition *de* et d'un nom de profession veut au masculin l'adjectif qui le précède : *certains gens d'affaires*, et non *certaines gens d'affaires.*

49. *Hymne* est féminin quand il s'agit de l'église et masculin dans les autres cas.

50. *Quelque chose* équivaut à un substantif composé qui est du masculin quand il est cons-

truit avec un verbe à l'indicatif : *Votre frère a fait quelque chose qui mérite d'être loué ; a fait* est à l'indicatif ; s'il est construit avec un verbe au subjonctif, il est du féminin : *Quelque chose qu'il ait dite , nous sommes venus.*

51. Les trois substantifs *amour* , *délice et orgue* sont masculins au singulier, et féminins au pluriel.

CHAPITRE III.

Du Pronom.

52. Dans la pensée, les individus ne cèdent point leur place ; ainsi quand je porte sur Paul ces jugements : *Paul est plus laborieux que Pierre ; Paul sera récompensé ; Paul causera du plaisir à ses parents* ; c'est toujours du nom propre que je m'occupe. Dans le discours , pour éviter cette répétition , on dit : *Paul est plus laborieux que Pierre ; il sera récompensé ; il causera du plaisir à ses parents.* Le mot *il* , qui dans les deux derniers cas, est mis à la place du substantif *Paul*, est ce que nous appelons un *pronom.*

53. Comme celui qui parle est appelé la première personne, celui à qui l'on parle, la seconde, et celui de qui l'on parle, la troisième, il s'en suit qu'il y a des pronoms de la première, de la seconde, et de la troisième personne, c'est-à-dire, qui jouent le premier , le second et le troisième rôle, *de persona* , *acteur.*

54. On appelle pronoms *personnels* ceux qui

remplacent les substantifs désignant des personnes ; les autres se nomment simplement *pronoms*.

55. Quand je dis *Pierre est studieux* ; *il aura des prix*, le pronom *il*, de la seconde proposition, ayant absolument la même valeur que *Pierre* dans la première, doit recevoir les modifications que subirait le mot *Pierre*, s'il était exprimé. C'est pour cela que les pronoms éprouvent les mêmes variations que les substantifs dont ils tiennent la place.

56. Parmi les pronoms il faut distinguer les *pronoms personnels* (1), les *pronoms possessifs*, les *pronoms démonstratifs*, les *pronoms conjonctifs* et les *pronoms indéfinis*.

Pronoms personnels.

57. Les pronoms personnels, comme le mot l'indique, représentent les noms des personnes.

58. Ce sont :

Pour la 1re personne :	*je, me, moi, nous.*
Pour la seconde :	*tu, te, toi, vous.*
Pour la troisième :	*il, elle, ils, elles, lui, eux, le, la, les, leur, se, soi, en.*

(1) Nous avons dit, nº 54, que le mot *personnels* ne convient qu'aux *pronoms* qui désignent des personnes. Ceux qui représentent des objets inanimés sont simplement *pronoms*. Dans cette phrase : *il est bien écrit*, *il* qui se rapporte au mot *livre*, n'est pas un *pronom personnel ;* mais on peut dire que c'est un pronom de la 3e *personne*. *Y* ne remplace jamais un nom de personne.

Pronoms possessifs.

59. Les pronoms possessifs désignent la propriété ou la possession, et prennent le genre et le nombre des substantifs dont ils tiennent la place.

60 Ces pronoms sont :

masc. sing.	fém. sing.	masc. plur.	fém. plur.
le mien,	*la mienne,*	*les miens,*	*les miennes,*
le tien,	*la tienne,*	*les tiens,*	*les tiennes,*
le sien,	*la sienne,*	*les siens,*	*les siennes,*
le nôtre,	*la nôtre,*	des 2 genres	
le vôtre,	*la vôtre,*	*les nôtres,*	
le leur.	*la leur.*	*les vôtres,*	
		les leurs.	

Pronoms démonstratifs.

61. Les pronoms démonstratifs indiquent les objets dont on parle, soit par eux-mêmes, soit au moyen de quelques mots qui les accompagnent.

62. Ce sont : *Ce*, *celui*, *ceux*, *celles*, *celui-ci*, *ceux-ci*, *celle-ci*, *celles-ci*, *celui-là*, *ceux-là*, *celle-là* *celles-là*, *ceci*, *cela*.

Pronoms conjonctifs.

63. Les pronoms conjonctifs sont ainsi appelés parce qu'ils unissent à un terme qui précède et qu'on nomme antécédent, la proposition dans laquelle ils se trouvent, soit comme sujets, soit comme compléments.

64. Ces pronoms sont : *qui, que, quoi, dont, lequel, laquelle, lesquels, lesquelles.*

Pronoms indéfinis.

65. Les pronoms indéfinis désignent les objets d'une manière vague et indéterminée.

66. Ce sont : *on, quiconque, quelqu'un, chacun, autrui, personne.*

67. *On*, qui est ordinairement masculin singulier, est féminin quand il désigne une femme, et pluriel, quand il exprime plusieurs personnes. Dans ce cas les mots qui le modifient, se mettent au féminin et au pluriel ; le verbe seul reste toujours au singulier.

L'on, a le même sens que *on* : on l'emploie pour éviter un son dur après les mots *ainsi, et, si, ou*, et *que* suivi d'un *c* ayant le son du *q* ; ainsi au lieu de : *si on avait, et on dira, et on verra*, il faut dire : *si l'on avait, et l'on dira, et l'on verra.*

Mais *on* n'est jamais plus désagréable que lorsqu'il est précédé de *que* et suivi d'un *q* ou d'un *c* ayant le son du *q* ; ainsi l'on blesserait l'oreille si au lieu de : *que l'on corrige, que l'on cachait*, on disait : *qu'on corrige, qu'on cachait.*

CHAPITRE IV.

De l'Article.

68. Ainsi que nous l'avons dit, on considère

un substantif sous le double rapport de l'extension et de la compréhension.

69. On se rappelle que l'extension d'un substantif n'est autre chose que le nombre des individus qu'il représente, et que la compréhension est la réunion des qualités qu'il réveille à l'esprit. Dans cette phrase : *on aime généralement les enfants*, le substantif *enfants* s'étend à tous les enfants ; c'est là son extension; de plus, il réveille à l'esprit les qualités communes aux enfants, et c'est là sa compréhension.

79. Quand le substantif commun est employé sous le point de vue de l'extension, c'est-à-dire pour la désignation des individus, on le fait précéder d'un petit mot que l'on appelle article : *le*, *la*, *les*.

71. Le substantif commun est pris sous le point de vue de l'extension, lorsqu'il désigne un genre, une espèce ou un seul individu déterminé.

72. Le substantif commun désigne un genre, quand il s'applique à la totalité des objets exprimés par le substantif :

Les hommes sont mortels.

Les arbres sont utiles.

Le Français est courageux.

Dans le dernier exemple, *le Français* est mis pour tous *les Français*.

73. Le substantif commun désigne une espèce, lorsque les objets qu'il exprime, forment un tout déterminé par quelque idée accessoire :

Les hommes fourbes ne sont pas aimés.

Les arbres bien tenus produisent plus que les autres.

Le Français qui habite le nord, n'aime pas les chaleurs du midi,

Dans le premier exemple, le substantif *hommes* est déterminé par l'adjectif *fourbes* ;

Dans le second, les mots *bien tenus* déterminent le substantif *arbre* ;

Dans le troisième, *le Français* mis pour *les Français* est déterminé par la proposition *qui habite le nord.*

74. Le substantif commun désigne un seul individu déterminé, lorsque les idées accessoires dont il est accompagné, lui donnent la valeur d'un nom propre :

Le chapeau de Pierre est blanc.

Nous avons acheté le livre que vous avez vu.

Les mots *le chapeau de Pierre*, et ceux-ci *le livre que vous avez vu*, équivalent à un nom propre. Il n'est pas plus possible de confondre avec un autre *le chapeau* et *le livre* dont il s'agit que de ne pas connaître les individus dont on parle quand on dit : *Alexandre, César.*

75. Quand le substantif est employé sous le point de vue de la compréhension, c'est-à-dire, pour la désignation des qualités, on ne le fait pas précéder de l'article.

Un homme, par exemple, qui a fait une erreur, vous dit : *je me suis bien trompé. Oui*, lui répondez-vous, *mais il ne faut pas vous en étonner*, *parce que vous êtes homme.* Ici le substantif *homme*, étant simplement employé pour la compréhension, n'est point accompagné de l'article. Il en est de même de tous les cas analogues.

76. Quelquefois aussi les circonstances du discours faisant suffisamment connaître que le nom commun est employé pour désigner des individus, c'est-à-dire, sous le point de vue de l'extension, on supprime l'article dont l'emploi est inutile. C'est ainsi que l'on dit : *je vous ai prêté de bons libres, un grand nombre de peuples*, etc.

Dans le premier exemple l'adjectif *bons* employé pour qualifier des individus appelés *livres*, prouve que le substantif *livres* est employé sous le point de vue de l'extension ;

Dans le second, le mot *nombre* qui signifie *assemblage d'individus*, prouve aussi que le substantif *peuples* est employé de la même manière.

77. Remarquons toutefois que l'article reparaîtrait si l'on voulait déterminer l'extension des objets : *J'ai lu une grande partie des livres que vous m'avez prêtés.* Ce cas est analogue à ceux où le substantif désigne un genre, une espèce, ou un individu déterminé. Il se trouvera expliqué dans la syntaxe.

CHAPITRE. V.

De l'Adjectif.

80. Les qualités, dans la nature, ne sont pas

séparées des objets : *la blancheur*, *la rondeur*, *la rougeur*, etc, se trouvent avec les substances qui sont *blanches*, *rondes*, *rouges*, etc.; dans le discours, il nous faut un mot pour chaque espèce d'objet, et un mot pour chaque espèce de qualité.

81. Nous appelons *adjectifs* les mots qui expriment les différentes manières d'être sous lesquelles nous envisageons les substantifs.

82. Comme l'on peut considérer un substantif sous le double rapport de l'extension et de la compréhension, il y a deux sortes d'adjectifs.

83. Les adjectifs destinés à modifier la compréhension, sont appelés adjectifs *qualificatifs* ; tels sont: *studieux*, *sage*, *rond*, *habile*, *blanc*, etc.: *Enfant studieux*, *homme sage*, *table ronde*, *écolier habile*, *chapeau blanc*.

84. Les adjectifs dont on se sert pour modifier l'extension se nomment adjectifs *déterminatifs* ; tels sont : *ce*, *mon*, *notre*, *votre*, etc. : *Ce livre*, *mon habit*, *notre jardin*, *votre prudence*.

Des Adjectifs qualificatifs.

85. Les adjectifs qualificatifs servent à exprimer les qualités des substantifs. Mais de même que l'on n'a pas pu créer un nom pour chaque objet, de même nous n'avons pas un adjectif pour exprimer chaque qualité en particulier; ainsi les adjectifs *sage*, *blanc*, *rond*, *habile*, *grand*, etc, expriment la qualité de toutes les personnes

qui ont de la sagesse, de tous les objets blancs et ronds, de tous les individus habiles et grands.

86. Les adjectifs n'ont par eux-mêmes ni genre ni nombre. Mais étant destinés à exprimer les qualités des objets, ils sont masculins ou féminins, singuliers ou pluriels, suivant le genre et le nombre des substantifs auxquels ils se rapportent.

Formation du féminin dans les Adjectifs.

87. Tout adjectif qui n'est pas terminé au masculin par un *e* muet, comme *sage, docile*, éprouve pour former le féminin un changement que l'usage fait suffisamment connaître; ainsi par exemple : *grand, pareil, nul, gros, heureux, doux, beau, blanc, long, conducteur, meilleur, gouverneur, favori*, font au féminin, *grande, pareille, nulle, grosse, heureuse, douce, belle, blanche, longue, conductrice, meilleure, gouvernante, favorite.*

Formation du pluriel dans les Adjectifs.

88. 1° Les adjectifs terminés par *s, x*, ne changent pas au pluriel masculin : *Un chapeau gris, des chapeaux gris, un homme heureux, des hommes heureux.*

2° Les adjectifs terminés en *au* prennent un *x* pour former leur pluriel : *beau, beaux, nouveau, nouveaux.*

3° Les adjectifs en *al* font leur pluriel en *aux:*

égal, *égaux*, *brutal*, *brutaux* ; quelques-uns ajoutent une *s* au singulier : *glacial*, *glacials*, *naval*, *navals*, *théâtral*, *théâtrals*, etc.

89. Les adjectifs terminés par *ant* et par *ent*, comme *charmant*, *élégant*, *prudent*, s'écrivent au pluriel avec ou sans *t* : *Des enfants charmants ou charmans ; des hommes élégants ou élégans*, etc., excepté l'adjectif *lent* qui, n'ayant qu'une syllabe, conserve le *t* au pluriel.

90. Les qualités n'existant pas hors des objets qu'elles modifient, les adjectifs qui les représentent, doivent toujours se rapporter à un substantif ou à un pronom exprimé, et s'y rapporter sans équivoque ; ainsi l'on ne dira pas : *fier de sa naissance*, *l'envie chercha à diminuer sa gloire ;* parce qu'il n'y a pas de mot auquel on puisse appliquer l'idée exprimée par l'adjectif *fier* ; si l'on ajoute un pronom, la phrase est correcte : *comme il était fier de sa naissance*, *l'envie chercha à diminuer sa gloire*.

On ne dira pas non plus : *Métellus est un des plus grands hommes dont Rome s'honore ; mais fier de sa naissance*, *Marius parvint à le supplanter*.

On ne sait si l'adjectif *fier* se rapporte à *Métellus* ou à *Marius ;* pour faire disparaître l'équivoque, il faut dire : *Mais il était fier de sa naissance*, *et Marius parvint à le supplanter*.

Degrés de signification dans les adjectifs.

91. Quand on considère une qualité dans un objet, c'est ou d'une manière relative ou d'une manière absolue, c'est-à-dire, avec ou sans comparaison.

L'adjectif employé d'une manière absolue, exprime simplement la qualité : *Cet homme est savant ;* ou la qualité portée à un très-haut degré: *Cet homme est très-savant.* Dans le premier cas, on dit que l'adjectif est au *positif*, et dans le second, qu'il est au *superlatif.*

L'adjectif employé d'une manière relative exprime l'égalité : *Paul est aussi savant que Pierre;* la supériorité : *Paul est plus savant que Pierre* ; *Paul est le plus studieux des élèves de la classe ;* ou l'infériorité : *Pierre est moins savant que Paul*; *Pierre est le moins studieux des élèves de la classe.* C'est ce qu'on appelle *comparatif.*

Quelquefois la comparaison a lieu entre les différents degrés d'une même qualité dans un même objet : *Votre sœur ne pleure pas lors même qu'elle est le plus mécontente.* Les mots *le plus mécontente* expriment une comparaison avec les différents degrés de mécontentement que la sœur peut éprouver.

La comparaison se fait au moyen d'un ou de deux mots qu'on ajoute à l'adjectif, comme *autant*, *aussi*, *plus*, *moins*, *le plus*, *le moins:* etc. trois adjectifs l'expriment sans le secours de ces mots : *meilleur* au lieu de *plus bon*, qui ne se dit pas, *pire* au lieu de *plus mauvais* et *moindre* au lieu de *plus petit.*

Des Adjectifs déterminatifs.

92. Les adjectifs *déterminatifs* modifient les substantifs dans leur extension. L'extension d'un

substantif, avons-nous dit, c'est le nombre des individus auxquels il est appliquable. Ainsi les substantifs *livre, table*, *chapeau*, représentent *un livre*, *une table, un chapeau quelconque*. Pour restreindre l'extension de ces mots, je n'ai qu'à dire: *mon livre*, *cette table*, *votre chapeau*. Au moyen des adjectifs déterminatifs *mon*, *cette*, *votre*, les idées *livre*, *table et chapeau* sont déterminées ; il ne s'agit plus que *du livre qui m'appartient*, *de la table que je montre*, *du chapeau qui est à vous*.

93. Il y a quatre espèces d'adjectifs déterminatifs : *les adjectifs démonstratifs*, *les adjectifs indéfinis*, *les adjectifs numéraux et les adjectifs possessifs*.

Des Adjectifs démonstratifs.

94. Les adjectifs démonstratifs déterminent l'idée exprimée par le substantif en indiquant l'objet ou les objets dont il s'agit ; ces adjectifs sont : *ce*, *cet*, *cette*, *ces*.

95. On met *ce* devant un mot commençant par une consonne ou par une *h* aspirée : *ce livre*, *ce hameau*; on emploie *cet* si le mot commence par une voyelle ou une *h* muette: *cet enfant*, *cet homme*.

Des Adjectifs indéfinis.

96. Les adjectifs indéfinis déterminent l'idée exprimée par le substantif, mais sans donner des objets une connaissance positive; ces adjec-

tifs sont : *chaque*, *nul*, *aucun*, *tout*, *quelque*, *plusieurs*, *tel*, *quel*, *quelconque*.

Des Adjectifs numéraux.

97. Les adjectifs numéraux déterminent l'idée exprimée par le substantif, en précisant le nombre ou le rang des objets.

98. Il y a deux espèces d'adjectifs numéraux : les adjectifs numéraux *cardinaux*, et les adjectifs numéraux *ordinaux*.

99. Les adjectifs numéraux cardinaux ont rapport aux nombres ; ce sont : *un*, *deux*, *trois*, *quatre*, *vingt*, *cent*, etc.

100. Les adjectifs numéraux ordinaux ont rapport au rang que les objets occupent ; ce sont : *premier*, *second*, *deuxième*, *troisième*, *centième*, *millième*, etc.

Des Adjectifs possessifs.

101. Les adjectifs possessifs déterminent l'idée exprimée par le substantif, en désignant les individus auxquels les objets appartiennent ; ce sont :

SINGULIER.		PLURIEL.
masc.	féminin.	des deux genres.
Mon,	*ma*,	*mes*,
Ton,	*ta*,	*tes*,
Son,	*sa*,	*ses*,
Notre,	*notre*,	*nos*,
Votre,	*votre*,	*vos*,
Leur,	*leur*,	*leurs*.

102. Pour plaire à l'oreille, au lieu de *ma*, *ta*, *sa*, on se sert de *mon*, *ton*, *son*, quand le substantif féminin commence par une voyelle ou une *h* muette; ainsi l'on dit: *Ton histoire*, *son envie*, pour *ta histoire*, *sa envie*.

CHAPITRE VI.

Du Verbe.

103. Le *verbe* sert à marquer la coexistence du sujet et de l'attribut. Dans la proposition : *Dieu est bon*, le mot *est* indique que la qualité exprimée par l'adjectif *bon* se trouve dans le sujet *Dieu*.

104. Il n'y a qu'un verbe, à proprement parler ; c'est le verbe *être* ; les autres, tels que *chanter*, *écrire*, *dormir*, etc., sont formés de celui-là et de mots exprimant les qualités des objets : *être chantant*, *être écrivant*, *être dormant*.

105. Le verbe *être* s'appelle verbe *substantif*, soit parce qu'il subsiste par lui-même, soit parce qu'il sert de soutien aux autres qu'on nomme verbes *adjectifs* ou *attributifs* à cause de l'adjectif ou attribut qu'ils contiennent.

Du Complément.

106. On appelle *complément* le mot ou les

mots qui déterminent l'idée exprimée par le verbe. Dans la proposition : *j'étudie la grammaire*, le substantif *grammaire* détermine l'idée exprimée par le verbe *étudier*.

107. Le verbe *être* exprimant simplement la coexistence du sujet et de l'attribut, avec un rapport au temps, ne peut avoir pour complément que des mots qui expriment les époques ou la durée : *J'ai été content hier, je suis content aujourd'hui, je serai toujours content.* Les mots *hier*, *aujourd'hui* et *toujours* complètent l'idée d'existence exprimée par le verbe.

107 Les verbes *adjectifs* ou *attributifs* se composant du verbe *être* et d'un attribut, peuvent avoir tout à la fois des mots pour compléter l'idée de l'existence, et des mots pour compléter celle de l'attribut : *J'étudierai l'an prochain la grammaire latine*, c'est-à-dire, *je serai l'an prochain étudiant la grammaire latine.*

109. On distingue deux espèces de compléments : le complément *direct* et le complément *indirect.*

110. Le complément direct est celui qui complète sans le secours d'aucun autre mot l'idée exprimée par l'attribut du verbe; dans cette proposition : *J'étudie la grammaire*, c'est-à-dire *Je suis étudiant la grammaire*, le substantif *grammaire* est le complément direct de l'attribut *étudiant.*

111. Le complément indirect est celui qui complète, au moyen de certains mots appelés prépositions, l'idée exprimée par l'attribut du verbe ; dans les propositions: *Je vous prépare du papier, je travaille à un ouvrage,* les mots *vous*, mis pour *à vous*, et *à un ouvrage*, sont complément indirect, au moyen de la préposition *à*, le premier, de l'attribut *préparant*, les autres, de l'attribut *travaillant*.

Des différentes espèces de verbes adjectifs ou attributifs.

112. Il y a cinq espèces de verbes adjectifs : le verbe *actif*, le verbe *passif*, le verbe *neutre*, le verbe *pronominal* et le verbe *unipersonnel*.

113. Le verbe actif exprime une action faite par le sujet et a un complément direct : *j'aime Dieu*, *j'imite mon père*.

114. Le verbe passif exprime une action supportée par le sujet : *je suis aimé de mon père*, *il est favorisé de la fortune*.

115. Le verbe neutre exprime en général, comme le verbe actif, une action faite par le sujet; mais il n'a point de complément direct : *je vais à l'école; votre fils travaille avec ardeur*.

116. Le verbe pronominal se conjugue avec deux pronoms de la même personne : *je me souviens*, *nous nous proposons*.

117. On appelle *essentiellement pronominaux* les verbes qui ne peuvent pas se conjuguer sans deux pronoms, comme *je m'abstiens*, *je m'en vais*, etc., on ne peut pas dire : *j'abstiens*, *j'en vais*.

118. Le verbe unipersonnel ne s'emploie qu'à la troisième personne du singulier : *il y a*, *il y avait*, *il pleut*, *il pleuvait*, etc.

Des modifications du verbe.

119. On appelle *modifications* du verbe les différentes formes ou les différentes terminaisons que le verbe reçoit dans la conjugaison ; ces modifications sont : le *nombre*, la *personne*, le *mode* et le *temps*.

Du nombre.

120. Il y a deux nombres, le singulier et le pluriel ; le singulier, quand le sujet du verbe est un individu unique ou considéré comme tel : *Pierre joue ; la multitude des enfants est légère ;* le pluriel, quand le verbe a pour sujet deux ou plusieurs objets : *Pierre et Paul jouent ; les enfants sont légers.*

De la personne.

121. Chaque nombre a trois personnes : la *première*, la *seconde*, la *troisième* : *je chante*, *tu chantes*, *il chante*, *nous chantons*, *vous chantez*, *ils chantent.*

Du mode.

122. Le mode est la forme que prend le verbe

pour marquer de quelle manière a lieu la coexistence du sujet et de l'attribut.

123. Il y a cinq modes : l'*indicatif*, le *conditionnel*, l'*impératif*, le *subjonctif*, l'*infinitif* : *je chante, je chanterais, chante, que je chante, chanter.*

124. L'indicatif présente d'une manière positive la coexistence du sujet et de l'attribut : *je chante, j'ai chanté, je chanterai.*

125. Le conditionnel la présente sous l'idée d'une condition : *je chanterais, si j'étais sûr de vous faire plaisir.*

126. L'impératif la présente avec une idée d'ordre ou de désir : *chantez.*

127. Le subjonctif la présente avec une idée de subordination : *nous désirons que vous chantiez.*

128. L'infinitif la présente d'une manière générale sans désignation de nombre ni de personne : *chanter.*

129. L'indicatif, le conditionnel, l'impératif et le subjonctif sont appelés modes *personnels*, parce qu'ils admettent la distinction des personnes ; l'infinitif, qui ne l'admet pas, est nommé mode *impersonnel.*

Du temps.

130. Le *temps* sert à marquer à quelle partie de la durée répond la coexistence du sujet et de l'attribut.

131. La durée se divise en trois parties : le *passé*, le *présent* et le *futur.*

132. Le présent n'a qu'un temps, parce qu'il exprime une époque indivisible. Le passé et le futur admettent plusieurs temps, parce qu'ils se composent d'une multitude d'époques différentes.

133. Il y a deux espèces de temps : les temps *simples* et les temps *composés.*

134. Les temps simples sont ceux qui se conjuguent sans auxiliaire : *je chante*, *je chantais*, *je chantai.*

135. Les temps composés sont ceux qui se conjuguent au moyen des auxiliaires : *j'ai chanté, j'avais chanté, j'aurais chanté, nous sommes estimés.*

136. Dans les verbes pronominaux l'oreille exige le verbe *être* au lieu du verbe *avoir : nous nous sommes flattés* est pour *nous avons flatté nous.*

137. Ecrire ou reciter un verbe d'un bout à l'autre, s'appelle *conjuguer.*

138. Il y a quatre conjugaisons qui se distinguent par la terminaison du présent de l'infinitif.

La première conjugaison a le présent de l'infinitif terminé en *er*, comme *aimer ;* la deuxième, en *ir*, comme *finir ;* la troisième, en *oir*, comme *recevoir;* la quatrième, en *re*, comme *rendre.*

139. Nous conjuguerons d'abord les verbes *avoir* et *être*, parce qu'ils servent à conjuguer les temps composés des autres verbes. Nous commençons par le verbe *avoir* qui prête lui-même des temps au verbe *être.*

140. VERBE AUXILIAIRE *AVOIR*.

INDICATIF.

PRÉSENT.

J'ai.
Tu as.
Il *ou* elle a.
Nous avons.
Vous avez.
Ils *ou* elles ont.

IMPARFAIT.

J'avais.
Tu avais.
Il *ou* elle avait.
Nous avions.
Vous aviez.
Ils *ou* elles avaient.

PASSÉ DÉFINI.

J'eus.
Tu eus.
Il *ou* elle eut.
Nous eûmes.
Vous eûtes.
Ils *ou* elles eurent.

PASSÉ INDÉFINI.

J'ai eu.
Tu as eu.
Il *ou* elle a eu.
Nous avons eu.
Vous avez eu.
Ils *ou* elles ont eu.

PASSÉ ANTÉRIEUR.

J'eus eu.
Tu eus eu.
Il *ou* elle eut eu.
Nous eûmes eu.
Vous eûtes eu.
Ils *ou* elles eurent eu.

PLUS-QUE-PARFAIT.

J'avais eu.
Tu avais eu.
Il *ou* elle avait eu.
Nous avions eu.
Vous aviez eu.
Ils *ou* elles avaient eu.

FUTUR.

J'aurai.
Tu auras.
Il *ou* elle aura.
Nous aurons.
Vous aurez.
Ils *ou* elles auront.

FUTUR ANTÉRIEUR.

J'aurai eu.
Tu auras eu.
Il *ou* elle aura eu.
Nous aurons eu.
Vous aurez eu.
Ils *ou* elles auront eu.

CONDITIONNEL.

PRÉSENT.

J'aurais.
Tu aurais.
Il *ou* elle aurait.
Nous aurions.
Vous auriez.
Ils *ou* elles auraient.

PASSÉ.

J'aurais eu.
Tu aurais eu.
Il *ou* elle aurait eu.
Nous aurions eu.
Vous auriez eu.
Ils *ou* elles auraient eu.

On dit aussi : *j'eusse eu, tu eusses eu, il* ou *elle eût eu, nous eussions eu, vous eussiez eu, ils* ou *elles eussent eu.*

IMPÉRATIF.

Point de 1re personne du sing. ni de 3e pour les 2 nombres.

Aie.
Ayons.
Ayez.

SUBJONCTIF.

PRÉSENT OU FUTUR.

Que j'aie.
Que tu aies.
Qu'il *ou* qu'elle ait.
Que nous ayons.
Que vous ayez.
Qu'ils *ou* qu'elles aient.

IMPARFAIT.

Que j'eusse.
Que tu eusses.
Qu'il *ou* qu'elle eût.
Que nous eussions.
Que vous eussiez.
Qu'ils *ou* qu'elles eussent.

PASSÉ.

Que j'aie eu.
Que tu aies eu.
Qu'il *ou* qu'elle ait eu.
Que nous ayons eu.
Que vous ayez eu.
Qu'ils *ou* qu'elles aient eu.

PLUS-QUE-PARFAIT.

Que j'eusse eu.
Que tu eusses eu.
Qu'il *ou* qu'elle eût eu.
Que nous eussions eu.
Que vous eussiez eu.
Qu'ils *ou* qu'elles eussent eu.

INFINITIF.

PRÉSENT.

Avoir.

PASSÉ.

Avoir eu.

PARTICIPE.

PRÉSENT.

Ayant.

PASSÉ.

Eu, eue, ayant eu.

141. VERBE AUXILIAIRE *ÊTRE*.

INDICATIF.

PRÉSENT.

Je suis.
Tu es.
Il *ou* elle est.
Nous sommes.
Vous êtes.
Ils *ou* elles sont.

IMPARFAIT.

J'étais.
Tu étais.
Il *ou* elle était.
Nous étions.
Vous étiez.
Ils *ou* elles étaient.

PASSÉ DÉFINI.

Je fus.
Tu fus.
Il *ou* elle fut.
Nous fûmes.
Vous fûtes.
Ils *ou* elles furent.

PASSÉ INDÉFINI.

J'ai été.
Tu as été.
Il *ou* elle a été.
Nous avons été.
Vous avez été.
Ils *ou* elles ont été.

PASSÉ ANTÉRIEUR.

J'eus été.
Tu eus été.
Il *ou* elle eut été.
Nous eûmes été.
Vous eûtes été.
Ils *ou* elles eurent été.

PLUS-QUE-PARFAIT.

J'avais été.
Tu avais été.
Il *ou* elle avait été
Nous avions été.
Vous aviez été.
Ils *ou* elles avaient été.

FUTUR.

Je serai.
Tu seras.
Il *ou* elle sera.
Nous serons.
Vous serez.
Ils *ou* elles seront.

FUTUR ANTÉRIEUR.

J'aurai été.
Tu auras été.
Il *ou* elle aura été.
Nous aurons été.
Vous aurez été.
Ils *ou* elles auront été.

CONDITIONNEL

PRÉSENT.

Je serais.
Tu serais.
Il *ou* elle serait.
Nous serions.
Vous seriez.
Ils *ou* elles seraient.

PASSÉ.

J'aurais été.
Tu aurais été
Il *ou* elle aurait été.
Nous aurions été.
Vous auriez été.
Ils *ou* elles auraient été.

On dit aussi : *j'eusse été, tu eusses été, il* ou *elle eût été, nous eussions été, vous eussiez été, ils* ou *elles eussent été.*

IMPÉRATIF.

Point de 1re personne du sing. ni de 3e pour les 2 nombres.

Sois.
Soyons.
Soyez.

SUBJONCTIF.

PRÉSENT OU FUTUR.

Que je sois.
Que tu sois.
Qu'il *ou* qu'elle soit.
Que nous soyons.
Que vous soyez.
Qu'ils *ou* qu'elles soient.

IMPARFAIT.

Que je fusse.
Que tu fusses.
Qu'il *ou* qu'elle fût.
Que nous fussions.
Que vous fussiez.
Qu'ils *ou* qu'elles fussent.

PASSÉ.

Que j'aie été.
Que tu aies été.
Qu'il *ou* qu'elle ait été.
Que nous ayons été.
Que vous ayez été.
Qu'ils *ou* qu'elles aient été.

PLUS-QUE-PARFAIT.

Que j'eusse été.
Que tu eusses été.
Qu'il *ou* qu'elle eût été.
Que nous eussions été.
Que vous eussiez été.
Qu'ils *ou* qu'elles eussent été.

INFINITIF.

PRÉSENT.

Être.

PASSÉ.

Avoir été.

PARTICIPE.

PRÉSENT.

Étant.

PASSÉ.

Été, ayant été.

142 PREMIÈRE CONJUGAISON.

Verbe AIMER.

INDICATIF.

PRÉSENT.

J'aime.
Tu aimes.
Il aime.
Nous aimons.
Vous aimez.
Ils aiment.

IMPARFAIT.

J'aimais.
Tu aimais.
Il aimait.
Nous aimions.
Vous aimiez.
Ils aimaient.

PASSÉ DÉFINI.

J'aimai.
Tu aimas.
Il aima.
Nous aimâmes.
Vous aimâtes.
Ils aimèrent.

PASSÉ INDÉFINI.

J'ai aimé.
Tu as aimé.
Il a aimé.
Nous avons aimé.
Vous avez aimé.
Ils ont aimé.

PASSÉ ANTÉRIEUR.

J'eus aimé.
Tu eus aimé.
Il eut aimé.
Nous eûmes aimé.
Vous eûtes aimé.
Ils eurent aimé (*).

PLUS-QUE-PARFAIT.

J'avais aimé.
Tu avais aimé.
Il avait aimé.
Nous avions aimé.
Vous aviez aimé.
Ils avaient aimé.

FUTUR.

J'aimerai.
Tu aimeras.
Il aimera.
Nous aimerons.
Vous aimerez.
Ils aimeront.

FUTUR ANTÉRIEUR.

J'aurai aimé.
Tu auras aimé.
Il aura aimé
Nous aurons aimé.
Vous aurez aimé.
Ils auront aimé.

CONDITIONNEL.

PRÉSENT.

J'aimerais.
Tu aimerais.
Il aimerait.
Nous aimerions.
Vous aimeriez.
Ils aimeraient.

PASSÉ.

J'aurais aimé.
Tu aurais aimé.
Il aurait aimé.
Nous aurions aimé.
Vous auriez aimé.
Ils auraient aimé.

On dit aussi : *j'eusse aimé, tu eusses aimé, il eût aimé, nous eussions aimé, vous eussiez aimé, ils eussent aimé.*

IMPÉRATIF.

Point de 1re personne du sing. ni de 3e pour les 2 nombres.

Aime.
Aimons.
Aimez.

SUBJONCTIF.

PRÉSENT OU FUTUR.

Que j'aime.
Que tu aimes.
Qu'il aime.
Que nous aimions.
Que vous aimiez.
Qu'ils aiment.

IMPARFAIT.

Que j'aimasse.
Que tu aimasses.
Qu'il aimât.
Que nous aimassions.
Que vous aimassiez.
Qu'ils aimassent.

PASSÉ.

Que j'aie aimé.
Que tu aies aimé.
Qu'il ait aimé.
Que nous ayons aimé.
Que vous ayez aimé.
Qu'ils aient aimé.

PLUS-QUE-PARFAIT.

Que j'eusse aimé.
Que tu eusses aimé.
Qu'il eût aimé.
Que nous eussions aimé.
Que vous eussiez aimé.
Qu'ils eussent aimé.

(*) Il y a un quatrième passé, dont on se sert rarement. J'ai eu aimé, tu as eu aimé, il a eu aimé, nous avons eu aimé, vous avez eu aimé, ils ont eu aimé.

INFINITIF.	PARTICIPE.
PRÉSENT.	PRÉSENT.
Aimer.	Aimant.
PASSÉ.	PASSÉ.
Avoir aimé.	Aimé, aimée, ayant aimé.

Conjuguez de même : *chanter, danser, donner, flatter, former, chercher, aborder, inventer, parler, imiter, élever, respecter, dorer, broder, etc.*

143. Les verbes terminés en *ger* prennent un *e* après *g*, pour éviter un son dur, toutes les fois que cette lettre est devant *a* ou *o* ; ainsi l'on écrit : *nous mangeons, nous mangeâmes.*

144. Par la même raison les verbes terminés en *cer*, changent *c* en *ç* devant *a* et *o* : *nous plaçons, nous plaçâmes.*

145. Les verbes terminés par *eler* ou *eter*, c'est-à-dire, sans accent sur l'avant-dernier *e*, prennent deux *l* ou deux *t* devant un *e* muet : *appeler, il appelle, nous appellerons ; projeter, il projette, nous projetterons.*

Il faut observer qu'alors l'avant dernier *e* ne prend point l'accent grave (`). Un *e* ne peut être accentué, si toutefois il doit l'être, qu'autant qu'il est la dernière lettre de la syllabe à laquelle il appartient, comme dans les mots : *je rè gle, il espè re, nous ré glons, vous espé rez.* Or, dans les verbes cités plus haut, *e* ne termine pas la syllabe : *il appel le, nous appel lerons ; il projet te, nous projet terons.*

146. Les verbes qui ont le participe présent en *iant* (cette règle s'applique à toutes les conjugaisons) ont deux *i* à la première et à la seconde personne du pluriel, à l'imparfait de l'indicatif et au présent du subjonctif: *nous appréciions*, *vous appréciiez; que nous appréciions*, *que vous appréciiez.*

147. Les verbes qui ont le participe présent en *yant* prennent *i* après *y* (pour toutes les conjugaisons) à la première et à la seconde personne du pluriel, à l'imparfait de l'indicatif et au présent du subjonctif : *nous appuyions*, *vous appuyiez; que nous appuyions*, *que vous appuyiez.*

Mais il faut écrire *que nous ayons*, *que vous ayez*, sans *i*, parce que ces deux personnes ne peuvent pas se confondre avec celles du présent de l'indicatif, *nous avons*, *vous avez.*

Par la même raison on écrit *que nous soyons*, *que vous soyez*, parce que le présent de l'indicatif donne *nous sommes*, *vous êtes;* d'ailleurs le verbe être n'a pas le participe présent terminé en *yant.*

---

148. SECONDE CONJUGAISON.

Verbe FINIR.

INDICATIF. PRÉSENT.	IMPARFAIT.
Je finis.	Je finissais.
Tu finis.	Tu finissais.
Il finit.	Il finissait,
Nous finissons.	Nous finissions.
Vous finissez.	Vous finissiez.
Ils finissent.	Ils finissaient.

PASSÉ DÉFINI.

Je finis.
Tu finis.
Il finit.
Nous finîmes.
Vous finîtes.
Ils finirent.

PASSÉ INDÉFINI.

J'ai fini.
Tu as fini.
Il a fini.
Nous avons fini.
Vous avez fini.
Ils ont fini.

PASSÉ ANTÉRIEUR.

J'eus fini.
Tu eus fini.
Il eut fini.
Nous eûmes fini.
Vous eûtes fini.
Ils eurent fini (*).

PLUS-QUE-PARFAIT.

J'avais fini.
Tu avais fini.
Il avait fini.
Nous avions fini.
Vous aviez fini.
Ils avaient fini.

FUTUR.

Je finirai.
Tu finiras.
Il finira.
Nous finirons.
Vous finirez.
Ils finiront.

FUTUR ANTÉRIEUR.

J'aurai fini.
Tu auras fini.
Il aura fini.
Nous aurons fini.
Vous aurez fini.
Ils auront fini.

CONDITIONNEL.

PRÉSENT.

Je finirais.
Tu finirais.
Il finirait.
Nous finirions.
Vous finiriez.
Ils finiraient.

PASSÉ.

J'aurais fini.
Tu aurais fini.
Il aurait fini.
Nous aurions fini.
Vous auriez fini.
Ils auraient fini.

On dit aussi : *j'eusse fini, tu eusses fini, il eût fini, nous eussions fini, vous eussiez fini, ils eussent fini.*

IMPÉRATIF.

Point de 1re personne du sing. ni de 3e pour les 2 nombres.

Finis.
Finissons.
Finissez.

SUBJONCTIF.

PRÉSENT OU FUTUR.

Que je finisse.
Que tu finisses.
Qu'il finisse.
Que nous finissions.
Que vous finissiez.
Qu'ils finissent.

IMPARFAIT.

Que je finisse.
Que tu finisses.
Qu'il finît.
Que nous finissions.
Que vous finissiez.
Qu'ils finissent.

(*) Il y a un quatrième passé, mais on s'en sert rarement : J'ai eu fini, tu as eu fini, il a eu fini, nous avons eu fini, vous avez eu fini, ils ont eu fini.

PASSÉ.

Que j'aie fini.
Que tu aies fini.
Qu'il ait fini.
Que nous ayons fini.
Que vous ayez fini.
Qu'ils aient fini.

PLUS-QUE-PARFAIT.

Que j'eusse fini.
Que tu eusses fini.
Qu'il eût fini.
Que nous eussions fini.
Que vous eussiez fini.
Qu'ils eussent fini.

INFINITIF.

PRÉSENT.

Finir.

PASSÉ.

Avoir fini.

PARTICIPE.

PRÉSENT.

Finissant.

PASSÉ.

Fini, finie, ayant fini.

Conjuguez de même : *adoucir*, *enrichir*, *embellir*, *unir*, *guérir*, *polir*, *servir*, etc.

149. Le verbe *bénir* a deux participes passés : *béni*, *bénite*, pour ce qui regarde l'église, et *bén* , *bénie*, dans toutes les autres significations.

150. Le verbe *haïr* prend partout deux points sur ï, excepté aux trois premières personnes du singulier, du présent de l'indicatif : *je hais*, *tu hais*, *il hait*, qu'on prononce *je hès*, *tu hès*, *il het*, et à la seconde personne singulière de l'impératif, *hais*. Il ne reçoit point l'accent circonflexe aux temps où les autres verbes le prennent.

151. Le verbe *fleurir* quand il ne signifie point *avoir des fleurs*, fait *florissant* au participe présent, et *florissait* à l'imparfait : *Métellus florissait* 109 *ans avant J. C.*

152. TROISIÈME CONJUGAISON.

Verbe Recevoir.

INDICATIF.

PRÉSENT.

Je reçois.
Tu reçois.
Il reçoit.
Nous recevons.
Vous recevez.
Ils reçoivent.

IMPARFAIT.

Je recevais.
Tu recevais.
Il recevait.
Nous recevions.
Vous receviez.
Ils recevaient.

PASSÉ DÉFINI.

Je reçus.
Tu reçus.
Il reçut.
Nous reçûmes.
Vous reçûtes.
Ils reçurent.

PASSÉ INDÉFINI.

J'ai reçu.
Tu as reçu.
Il a reçu.
Nous avons reçu.
Vous avez reçu.
Ils ont reçu.

PASSÉ ANTÉRIEUR.

J'eus reçu.
Tu eus reçu.
Il eut reçu.
Nous eûmes reçu.
Vous eûtes reçu.
Ils eurent reçu (*).

PLUS-QUE-PARFAIT.

J'avais reçu.
Tu avais reçu.
Il avait reçu.
Nous avions reçu.
Vous aviez reçu.
Ils avaient reçu.

FUTUR.

Je recevrai.
Tu recevras.
Il recevra.
Nous recevrons.
Vous recevrez.
Ils recevront.

FUTUR ANTÉRIEUR.

J'aurai reçu.
Tu auras reçu.
Il aura reçu.
Nous aurons reçu.
Vous aurez reçu.
Ils auront reçu.

(*) Il y a un quatrième passé, mais on s'en sert rarement. J'ai eu reçu, tu as eu reçu, il a eu reçu, nous avons eu reçu, vous avez eu reçu, ils ont eu reçu.

CONDITIONNEL.

PRÉSENT.

Je recevrais.
Tu recevrais.
Il recevrait.
Nous recevrions.
Vous recevriez.
Ils recevraient.

PASSÉ.

J'aurais reçu.
Tu aurais reçu.
Il aurait reçu.
Nous aurions reçu.
Vous auriez reçu.
Ils auraient reçu.

On dit aussi : *j'eusse reçu, tu eusses reçu, il eût reçu, nous eussions reçu, vous eussiez reçu, ils eussent reçu.*

IMPÉRATIF.

Point de 1re personne du sing. ni de 3e pour les 2 nombres.

Reçois.
Recevons.
Recevez.

SUBJONCTIF.

PRÉSENT OU FUTUR.

Que je reçoive.
Que tu reçoives.
Qu'il reçoive.
Que nous recevions.
Que vous receviez.
Qu'ils reçoivent.

IMPARFAIT.

Que je reçusse.
Que tu reçusses.
Qu'il reçût.
Que nous reçussions.
Que vous reçussiez.
Qu'ils reçussent.

PASSÉ.

Que j'aie reçu.
Que tu aies reçu.
Qu'il ait reçu.
Que nous ayons reçu.
Que vous ayez reçu.
Qu'ils aient reçu.

PLUS-QUE-PARFAIT.

Que j'eusse reçu.
Que tu eusses reçu.
Qu'il eût reçu.
Que nous eussions reçu.
Que vous eussiez reçu.
Qu'ils eussent reçu.

INFINITIF.

PRÉSENT.

Recevoir.

PASSÉ.

Avoir reçu.

PARTICIPE.

PRÉSENT.

Recevant.

PASSÉ.

Reçu, reçue, ayant reçu.

Conjuguez de même : *apercevoir*, *concevoir*, *devoir*, *percevoir*, etc.

153. Pour éviter une prononciation désagréable, on change *c* en *ç*, pour les verbes en *cevoir*, devant les voyelles *a*, *o*, *u* : *je reçois*, *nous reçûmes*.

154. On donne l'accent circonflexe au participe passé masculin singulier du verbe *devoir*, et l'on écrit *dû* à cause de *du* mis devant un substantif.

---

155. QUATRIÈME CONJUGAISON.

Verbe Rendre.

INDICATIF.

PRÉSENT.

Je rends.
Tu rends.
Il rend.
Nous rendons.
Vous rendez.
Ils rendent.

IMPARFAIT.

Je rendais.
Tu rendais.
Il rendait.
Nous rendions.
Vous rendiez.
Ils rendaient.

PASSÉ DÉFINI.

Je rendis.
Tu rendis.
Il rendit.
Nous rendîmes.
Vous rendîtes.
Ils rendirent.

PASSÉ INDÉFINI.

J'ai rendu.
Tu as rendu.
Il a rendu.
Nous avons rendu.
Vous avez rendu.
Ils ont rendu.

PASSÉ ANTÉRIEUR.

J'eus rendu.
Tu eus rendu.
Il eut rendu.
Nous eûmes rendu.
Vous eûtes rendu.
Ils eurent rendu (*).

PLUS-QUE-PARFAIT.

J'avais rendu.
Tu avais rendu.
Il avait rendu.
Nous avions rendu.
Vous aviez rendu.
Ils avaient rendu.

(*) Il y a un quatrième passé, mais on s'en sert rarement : J'ai eu rendu, tu as eu rendu, il a eu rendu, nous avons eu rendu, vous avez eu rendu, ils ont eu rendu,

FUTUR.

Je rendrai.
Tu rendras.
Il rendra.
Nous rendrons.
Vous rendrez.
Ils rendront.

FUTUR ANTÉRIEUR.

J'aurai rendu.
Tu auras rendu.
Il aura rendu
Nous aurons rendu.
Vous aurez rendu.
Ils auront rendu.

CONDITIONNEL.

PRÉSENT.

Je rendrais.
Tu rendrais.
Il rendrait.
Nous rendrions.
Vous rendriez.
Ils rendraient.

PASSÉ.

J'aurais rendu.
Tu aurais rendu.
Il aurait rendu.
Nous aurions rendu.
Vous auriez rendu.
Ils auraient rendu.

On dit aussi : *j'eusse rendu, tu eusses rendu, il eût rendu, nous eussions rendu, vous eussiez rendu, ils eussent rendu.*

IMPÉRATIF.

Point de 1re personne du sing. ni de 3e pour les 2 nombres.

Rends.
Rendons.
Rendez.

SUBJONCTIF.

PRÉSENT OU FUTUR.

Que je rende.
Que tu rendes.
Qu'il rende.
Que nous rendions.
Que vous rendiez.
Qu'ils rendent.

IMPARFAIT.

Que je rendisse.
Que tu rendisses.
Qu'il rendît.
Que nous rendissions.
Que vous rendissiez.
Qu'ils rendissent.

PASSÉ.

Que j'aie rendu.
Que tu aies rendu.
Qu'il ait rendu.
Que nous ayons rendu.
Que vous ayez rendu.
Qu'ils aient rendu.

PLUS-QUE-PARFAIT.

Que j'eusse rendu.
Que tu eusses rendu.
Qu'il eût rendu.
Que nous eussions rendu.
Que vons eussiez rendu.
Qu'ils eussent rendu.

INFINITIF.

PRÉSENT.

Rendre.

PASSÉ.

Avoir rendu.

PARTICIPE.

PRÉSENT.

Rendant.

PASSÉ.

Rendu, rendue, ayant rendu.

Conjuguez de même : *attendre, entendre, défendre, répandre, fendre, prétendre, vendre, étendre*, etc.

156. Les verbes en *indre* et en *soudre*, prennent *s*, *s*, *t*, aux trois personnes du singulier du présent de l'indicatif, au lieu de *ds*, *ds*, *d* : *je peins*, *tu peins*, *il peint*, etc.

Formation des temps.

157. Les temps des verbes se divisent en temps *primitifs* et en temps *dérivés*.

158. On appelle temps primitifs ceux dont les autres se forment : Il y a cinq temps primitifs : *le présent de l'infinitif*, *le participe présent*, *le participe passé*, *le présent de l'indicatif* et *le prétérit ou passé défini*.

159. On appelle temps dérivés ceux qui se forment des temps primitifs.

160. Présent de l'infinitif.

Le futur simple se forme du présent de l'infinitif, en changeant *r*, *oir* ou *re* en *rai* : *j'aimerai*, *je recevrai*, *je rendrai*.

Le conditionnel présent se forme du présent de l'infinitif en changeant *r*, *oir* ou *re* en *rais* : *j'aimerais*, *je recevrais*, *je rendrais*.

161. Participe présent.

Les trois personnes du pluriel du présent de l'indicatif se forment du participe présent en changeant *ant* en *ons*, *ez*, *ent* : *aimant*, *nous aimons*, *vous aimez*, *ils aiment*.

Il faut excepter la 3me personne du pluriel des verbes de la 3me conjugaison : elle se forme en changeant *evant* en *oivent* : *recevant*, *ils reçoivent*.

L'imparfait de l'indicatif se forme du participe présent en changeant *ant* en *ais* : *aimant*, *j'aimais*, etc.

Le présent du subjonctif se forme du participe présent en changeant *ant* en *e* : *aimant*, *que j'aime*, etc.

Il faut excepter les verbes de la 3me conjugaison qui changent *evant* en *oive* : *recevant*, *que je reçoive*.

162. Participe passé.	Tous les temps composés se forment du participe passé combiné avec les verbes auxiliaires : *j'ai aimé, je suis loué, j'avais écrit, vous auriez été loués.*
163. Présent de l'indicatif.	L'impératif est absolument le présent de l'indicatif conjugué sans les pronoms *tu, nous, vous*, et après la suppression de *s* à la seconde personne du singulier pour les verbes de la 1re conjugaison : *tu aimes, aime, nous aimons, aimons, vous aimez, aimez*, etc.
164. Prétérit ou passé défini.	L'imparfait du subjonctif des verbes de la 1re conjugaison se forme du prétérit défini en changeant *ai* en *asse : j'aimai, que j'aimasse.* Celui des verbes des trois autres conjugaisons ajoute simplement *se : je finis, que je finisse*, etc.

Verbes irréguliers *et verbes* défectifs.

165. Les verbes irréguliers sont ceux qui ne se conjuguent pas d'une manière entièrement conforme au verbe qui leur sert de modèle.

166. Les verbes défectifs sont ceux auxquels il manque certains temps ou certaines personnes.

167. Lorsqu'un temps primitif n'est pas usité, les temps qui s'en forment ne sont pas usités non plus, à quelques exceptions près.

TEMPS PRIMITIFS.				
PRÉSENT de l'infinitif	PARTICIPE présent.	PARTICIPE passé.	PRÉSENT de l'indicatif	PASSÉ défini.
PREMIÈRE CONJUGAISON.				
Aller.	**Allant.**	**Allé.**	**Je vais.**	**J'allai**
Envoyer.	**Envoyant.**	**Envoyé.**	**J'envoie.**	**J'envoyais.**
SECONDE CONJUGAISON.				
Acquérir.	**Acquérant.**	**Acquis.**	**J'acquiers.**	**J'acquis.**
Bouillir.	**Bouillant.**	**Bouilli.**	**Je bous.**	**Je bouillis.**
Courir.	**Courant.**	**Couru.**	**Je cours.**	**Je courus.**
Cueillir.	**Cueillant.**	**Cueilli.**	**Je cueille.**	**Je cueillis.**
Dormir.	**Dormant.**	**Dormi.**	**Je dors.**	**Je dormis.**
Faillir.	**Faillant.**	**Failli.**	**Je faux.**	**Je faillis.**
Fuir.	**Fuyant.**	**Fui.**	**Je fuis.**	**Je fuis.**

TEMPS DÉRIVÉS,

DONT LA CONJUGAISON EST IRRÉGULIÈRE OU SEMBLE DOUTEUSE.

Aller. Prés. de l'indic. *Je vais, tu vas, il va, nous allons, vous allez, ils vont.* Futur. *J'irai, tu iras*, etc. Condit. *J'irais*, etc. Impératif. *Va, allons, allez.* Prés. du subj. *que j'aille, que tu ailles, qu'il aille, que nous allions, que vous alliez, qu'ils aillent.*

Envoyer n'est irrégulier qu'au futur. *J'enverrai, tu enverras*, etc.; et au condit. *J'enverrais, tu enverrais.*

[illegible]. Prés. de l'indic. *J'acquiers, tu acquiers, il acquiert*, [illegible] *acquérons, vous acquérez, ils acquièrent.* Im[illegible] *J'acquerrais*, etc. Futur *J'acquerrai, tu acquerras*, [illegible] Condit. *J'acquerrais*, etc. Impér. *acquiers, acquérons*, [illegible] Prés. du subjonc. *Que j'acquière, que tu acquières*, [illegible], *que nous acquérions, que vous acquériez, qu'ils* [illegible]

[illegible] conjugue régulièrement d'après ses temps pri-[illegible]

[illegible] au futur. *Je courrai, tu courras*, [illegible], *tu courrais*, etc.

[illegible] irrégulier qu'au futur. *Je cueillerai, tu cueill*-[illegible] condit. *Je cueillerais*, etc.

[illegible] régulièrement suivant ses temps pri-[illegible]

[illegible] en général les cinq temps pri[illegible] passé défini. *Je faillis*, [illegible] condit. *Je faillirais*, [illegible] les temps composés. [illegible]

TEMPS PRIMITIFS.

PRÉSENT de l'infinitif.	PARTICIPE. présent.	PARTICIPE passé.	PRÉSENT de l'indicatif	PASSÉ défini.
SUITE DE LA SECONDE CONJUGAISON.				
Mentir.	Mentant.	Menti.	Je ments.	Je mentis.
Mourir.	Mourant.	Mort.	Je meurs.	Je mourus.
Offrir.	Offrant.	Offert.	J'offre.	J'offris.
Ouvrir.	Ouvrant.	Ouvert.	J'ouvre.	J'ouvris.
Sentir.	Sentant.	Senti.	Je sens.	Je sentis.
Partir.	Partant.	Parti.	Je pars.	Je partis.
Sortir.	Sortant.	Sorti.	Je sors.	Je sortis.
Tenir.	Tenant.	Tenu.	Je tiens.	Je tins.
Tressaillir.	Tressaillant	Tressailli.	Je tressaille	Je tressaillis.
Venir.	Venant,	Venu.	Je viens.	Je vins.
Vêtir.	Vêtant.	Vêtu.	Je vêts.	Je vêtis.

TEMPS DÉRIVÉS,

DONT LA CONJUGAISON EST IRRÉGULIÈRE OU SEMBLE DOUTEUSE.

Mourir. Futur. *Je mourrai*, *tu mourras*, etc. Condit. *Je mourrais*, *tu mourrais*, etc. Prés. du subj. *Que je meure*, *que tu meures*, *qu'il meure*, *que nous mourions*, *que vous mouriez*, *qu'ils meurent*. (Le reste, suivant les temps primitifs, et les temps composés avec *être*.)

Offrir, **Ouvrir**, **Sentir**, **Partir**, **Sortir**, — Se conjuguent régulièrement suivant leurs temps primitifs. — **Partir** et **Sortir** prennent *être* dans leurs temps composés.

Tenir. Prés. de l'indic. *Je tiens*, *tu tiens*, *il tient*, *nous tenons*, *vous tenez*, *ils tiennent*. Futur. *Je tiendrai*, *tu tiendras*, etc. Condit. *Je tiendrais*, *tu tiendrais*, etc. Impér. *Tiens*, *tenons*, *tenez*. Prés. du subj. *Que je tienne*, *que tu tiennes*, *qu'il tienne*, *que nous tenions*, *que vous teniez*, *qu'ils tiennent*.

Tressaillir fait au futur et au conditionnel, *je tressaillirai*, *je tressaillirais*, et non *je tressaillerai*, *je tressaillerais*.

Venir. Prés. de l'indic. *Je viens*, *tu viens*, *il vient*, *nous venons*, *vous venez*, *ils viennent*. Futur. *Je viendrai*, *tu viendras*, etc. Condit. *Je viendrais*, *tu viendrais*, etc. Prés. du subj. *Que je vienne*, *que tu viennes*, *qu'il vienne*, *que nous venions*, *que vous veniez*, *qu'ils viennent*. — Il prend *être* dans ses temps composés.

Vêtir se conjugue régulièrement suivant ses temps primitifs; ne faites donc pas cette faute si répandue de dire au prés. de l'indic., *nous vêtissons*, *vous vêtissez*, etc.; ni au prés. du subj., *que je vêtisse*, *que tu vêtisses*, etc.; mais dites, *nous vêtons*, *vous vêtez*, *ils vêtent*, *je vêtais*, etc. : *que je vête*, etc. temps formés du participe présent *vêtant*.

TEMPS PRIMITIFS.

PRÉSENT de l'infinitif.	PARTICIPE présent.	PARTICIPE passé.	PRÉSENT de l'indicatif	PASSÉ défini.
TROISIÈME CONJUGAISON.				
Choir.				
Déchoir.		Déchu.	Je déchois.	Je déchus.
Échoir.	Échéant.	Échu.	Il échoit.	J'échus.
Falloir.		Fallu.	Il faut.	Il fallut.
Mouvoir.	Mouvant.	Mû.	Je meus.	Je mus.
Pleuvoir.	Pleuvant.	Plu.	Il pleut.	Il plut.
Pourvoir.	Pourvoyant.	Pourvu.	Je pourvois.	Je pourvus.
Pouvoir.	Pouvant.	Pu.	Je puis *ou* je peux.	Je pus.
Prévaloir.	Prévalant.	Prévalu.	Je prévaux.	Je prévalus.

TEMPS DÉRIVÉS

DONT LA CONJUGAISON EST IRRÉGULIÈRE OU SEMBLE DOUTEUSE.

Choir n'est usité qu'à l'infinitif.

Déchoir. Prés. de l'indic. *Je déchois, tu déchois. il déchoit, nous déchoyons, vous déchoyez, ils déchoient.* Imparf. *Je déchoyais*, etc. Futur. *Je décherrai, tu décherras*, etc. Condit. *Je décherrais*, etc. Prés. du subj. *Que je déchoie, que tu déchoies*, etc. Il a tous les temps qui se forment du participe présent, quoique ce participe n'existe pas. (Les temps composés prennent *avoir* ou *être*.)

Échoir, au présent de l'indicatif, n'est guère usité qu'à la troisième personne du singulier : *Il échoit*, qu'on prononce et qu'on écrit quelquefois *échet*. Futur. *J'écherrai, tu écherras*, etc. Condit. *J'écherrais, tu écherrais*, etc.

Falloir. Fut. *Il faudra*. Condit. *Il faudrait*. Il a le présent du subj., *qu'il faille*, quoiqu'il n'ait point de participe présent.

Mouvoir. Présent de l'indic. *Je meus, tu meus, il meut, nous mouvons, vous mouvez, ils meuvent*. Futur. *Je mouvrai*, etc. Condit. *Je mouvrais*, etc. Prés. du subj. *Que je meuve, que tu meuves, qu'il meuve, que nous mouvions, que vous mouviez, qu'ils meuvent.*

Pleuvoir se conjugue régulièrement suivant ses temps primitifs. Il n'a le plus souvent que la troisième personne du singulier. Au figuré, cependant, il peut aussi avoir la troisième personne du pluriel : *les coups de fusil* PLEUVENT *dans cet endroit;* [illegible] PLEUVENT *sur lui de tous côtés ; les honneurs* [illegible] *chez lui.*

[illegible] conjugue régulièrement suivant ses temps pri[illegible]

[illegible] *Je puis* ou *je peux, tu peux,* [illegible] *pouvez, ils peuvent.* Futur. *Je pour*[illegible]

[illegible] comme [illegible], excepté le prés. [illegible] *que je prévale, que tu prévales* [illegible] *que vous prévaliez,* [illegible]

TEMPS PRIMITIFS.

PRÉSENT de l'infinitif	PARTICIPE présent.	PARTICIPE passé.	PRÉSENT de l'indicatif	PASSÉ défini.
SUITE DE LA TROISIÈME CONJUGAISON.				
S'asseoir.	S'asseyant.	Assis.	Jem'assieds	Je m'assis.
Savoir.	Sachant.	Su.	Je sais.	Je sus.
Valoir.	Valant.	Valu.	Je vaux.	Je valus.
Voir.	Voyant.	Vu.	Je vois.	Je vis.
Vouloir.	Voulant.	Voulu.	Je veux.	Je voulus.

TEMPS DÉRIVÉS

DONT LA CONJUGAISON EST IRRÉGULIÈRE OU SEMBLE DOUTEUSE.

S'Asseoir, Prés de l'indic. *Je m'assieds, tu t'assieds, il s'assied, nous nous asseyons, vous vous asseyez, ils s'asseyent.* Futur. *Je m'assiérai*, ou *je m'asseyerai, tu t'asseyeras*, etc. Condit. *Je m'assierais*, ou *je m'asseyerais*, etc. Il faut, à l'exemple de l'Acad., donner la préférence à cette première manière de conjuguer ce verbe; mais elle autorise aussi à dire au prés. de l'indic., *Je m'assois, tu t'assois, il s'assoit, nous nous assoyons, vous vous assoyez, ils s'assoyent.* Imparf. de l'Indic. *Je m'asseyais*, etc, Futur. *Je m'assoirai.* Condit. *Je m'assoirais.* Prés. du subj. *Que je m'assoie, etc.*

Savoir. Prés. de l'ind. *Je sais, tu sais, il sait, nous savons, vous savez, ils savent.* Imparf. de l'indic. *Je savais, tu savais,* Futur. *Je saurai, tu sauras*, etc. Condit. *Je saurais, tu saurais*, etc. Impératif. *Sache, sachons, sachez.*

Valoir, Prés. de l'indic. *Je vaux, tu vaux, il vaut, nous valons, vous valez, ils valent.* Futur. *Je vaudrai, tu vaudras*, etc. Condit. *Je vaudrais, tu vaudrais*, etc. Point d'impératif. Prés. du subj. *Que je vaille, que tu vailles, qu'il vaille, que nous valions, que vous valiez, qu'ils vaillent.*

Voir n'est irrégulier qu'au futur, *Je verrai, tu verras*, etc.; et au condit., *Je verrais, tu verrais*, etc.

Vouloir. Prés de l'indic. *Je veux, tu veux, il veut, nous voulons, vous voulez, ils veulent.* Futur. *Je voudrai, tu voudras.* etc. Condit. *Je voudrais, tu voudrais.* etc. Impératif. *Veux, voulons, voulez.* Prés. du subj. *Que je veuille, que tu veuilles, qu'il veuille, que nous voulions, que vous vouliez, qu'ils veuillent.* — L'impératif de ce verbe, n'est usité que dans des occasions très-rares : c'est lorsqu'on engage quelqu'un à s'armer d'une ferme volonté.

TEMPS PRIMITIFS.

PRÉSENT de l'infinitif.	PARTICIPE présent.	PARTICIPE passé.	PRÉSENT de l'indicatif	PASSÉ défini
QUATRIÈME CONJUGAISON.				
Absoudre.	Absolvant.	Absous.	J'absous.	
Battre.	Battant.	Battu.	Je bats.	Je battis.
Boire.	Buvant.	Bu.	Je bois.	Je bus.
Braire.			Il brait.	
Bruire.	Bruyant.			
Circoncire.	circoncisant	Circoncis.	Je circoncis	Je circoncis
Clore.		Clos.	Je clos.	
Conclure.	Concluant.	Conclu.	Je conclus.	Je conclus.
Confire.	Confisant.	Confit.	Je confis.	Je confis.
Coudre.	Cousant.	Cousu.	Je couds.	Je cousis.
Croire.	Croyant.	Cru.	Je crois.	Je crus.
Croître.	Croissant.	Crû.	Je crois.	Je crûs.
Dire.	Disant.	Dit.	Je dis.	Je dis.

TEMPS DÉRIVÉS

DONT LA CONJUGAISON EST IRRÉGULIÈRE OU SEMBLE DOUTEUSE.

Absoudre et **Battre** se conjuguent régulièrement d'après leurs temps primitifs.

Boire n'est irrégulier qu'au prés. de l'indic. *Je bois, tu bois, il boit, nous buvons, vous buvez, ils boivent* ; au prés. du subj. : *Que je boive, que tu boives, qu'il boive, que nous buvions, que vous buviez, qu'ils boivent.*

Braire n'a que les personnes et les temps suivants : prés. de l'indic. *Il brait, ils braient.* Futur. *Il braira, ils brairont.* Condit. *ils brairaient.*

Bruire n'a que les personnes et les temps suivants : Prés. de l'ind. *Il bruit.* Imparf. *Il bruyait, ils bruyaient.*

Circoncire se conjugue régulièrement suivant ses temps primitifs.

Clore n'a que les personnes et les temps suivants : Prés. de l'ind. *Je clos, tu clos, il clot.* Point de pluriel. Futur. *Je clorai, tu cloras*, etc. Cond. *Je clorais, tu clorais*, etc. de plus tous ses temps composés : *J'ai clos, J'eus clos*, etc.

Conclure, Confire, Coudre et **Croire** se conjuguent régulièrement suivant leurs temps primitifs.

Croître se conjugue régulièrement suivant ses temps primitifs. Remarquez qu'il prend l'accent circonflexe sur l'*i* ou sur l'*u* quand il n'est pas suivi de deux *s* : *Je croîs, tu croîs, il croît, nous croissons, vous croissez ; Je crûs, je croîtrai* Cet accent, cependant, ne se met pas au participe féminin, *crue.*

Dire n'est irrégulier qu'à la seconde personne du pluriel du présent de l'indicatif : *vous dites*, et à la même personne de l'impératif : *dites.* **Redire** à les mêmes irrégularités. Mais *dédire, contredire, interdire, médire, prédire,* autres composés de ce verbe, font *vous dédisez, vous contredisez, vous interdisez, vous médisez, vous prédisez.* Les autres personnes et les autres temps se conjuguent comme ceux au verbe *dire.*

TEMPS PRIMITIFS.

PRÉSENT de l'infinitif	PARTICIPE présent.	PARTICIPE passé.	PRÉSENT de l'indicatif	PASSÉ défini.
SUITE DE LA QUATRIÈME CONJUGAISON.				
Éclore.		Éclos.	Il éclot.	
Écrire.	Écrivant.	Écrit.	J'écris.	J'écrivis.
Exclure.	Excluant.	Exclu.	J'exclus.	J'exclus.
Faire.	Faisant.	Fait.	Je fais.	Je fis.
Frire.		Frit.	Je fris.	
Joindre.	Joignant.	Joint.	Je joins.	Je joignis.
Lire.	Lisant.	Lu.	Je lis.	Je lus.
Luire.	Luisant.	Lui.	Je luis.	
Malfaire.				
Maudire.	Maudissant	Maudit.	Je maudis.	Je maudis.

TEMPS DÉRIVÉS

DONT LA CONJUGAISON EST IRRÉGULIÈRE OU SEMBLE DOUTEUSE.

Éclore n'a que les personnes et les temps suivants. Prés. de l'indic. *Il éclot, ils éclosent*. Futur. *Il éclora, ils écloront*. Condit. *il éclorait, ils écloraient*. Prés. du subj. *Qu'il éclose, qu'ils éclosent*, quoiqu'il n'ait pas de participe présent; plus tous ses temps composés.

Écrire et **Exclure** se conjuguent régulièrement suivant leurs temps primitifs.

Faire. Prés. de l'indic. *Je fais, tu fais, il fait, nous faisons, vous faites, ils font*. Futur. *Je ferai, tu feras*, etc. Condit. *Je ferais, tu ferais*, etc. Prés. du subj. *Que je fasse, que tu fasses*, etc. Les composés, *contrefaire, défaire, refaire, surfaire* et *satisfaire* se conjuguent de même. Remarque. l'Acad. n'admet pas *nous fesons, je fesais, tu fesais*, etc., etc., écrits par *e*; elle ortographie, *nous faisons, je faisais*, etc.

Frire n'a que les personnes et les temps suivants : Prés. de l'indic. *Je fris, tu fris, il frit*; point de pluriel. Futur *Je frirai, tu friras*, etc. Condit. *Je frirais, tu frirais*. Impér. *Frit*; point de pluriel. Plus les temps composés.

Joindre, **Lire** et **Luire** se conjuguent régulièrement suivant leurs temps primitifs.

Luire n'ayant pas de passé défini n'a point d'imparfait du subjonctif.

Malfaire n'est usité qu'à l'infinitif.

Maudire se conjugue régulièrement suivant ses temps primitifs.

TEMPS PRIMITIFS.				
PRÉSENT de l'infinitif.	**PARTICIPE.** présent.	**PARTICIPE** passé.	**PRÉSENT** de l'indicatif	**PASSÉ** défini.
SUITE DE LA QUATRIÈME CONJUGAISON.				
Mettre.	Mettant.	Mis.	Je mets.	Je mis.
Moudre.	Moulant.	Moulu.	Je mouds.	Je moulus.
Naître.	Naissant.	Né.	Je nais.	Je naquis.
Nuire.	Nuisant.	Nui.	Je nuis.	Je nuisis.
Paître.	Paissant.		Je pais.	
Répondre.	Répondant.	Répondu.	Je réponds.	Je répondis.
Résoudre.	Résolvant	Résolu.	Je résous.	Je résolus.
Rire.	Riant.	Ri.	Je ris.	Je ris.
Rompre.	Rompant.	Rompu.	Je romps.	Je rompis.
Prendre.	Prenant.	Pris.	Je prends.	Je pris.
Suffire.	Suffisant.	Suffi.	Je suffis.	Je suffis.
Suivre.	Suivant.	Suivi.	Je suis.	Je suivis.
Taire.	Taisant.	Tû.	Je tais.	Je tus.
Traire.	Trayant.	Trait.	Je trais.	
Vaincre	Vainquant.	Vaincu.	Je vaincs.	Je vainquis.
Vivre.	Vivant.	Vécu.	Je vis.	Je vécus.

TEMPS DÉRIVÉS

DONT LA CONJUGAISON EST IRRÉGULIÈRE OU SEMBLE DOUTEUSE.

Mettre et **Moudre** se conjuguent régulièrement suivant leurs temps primitifs.

Naître se conjugue régulièrement suivant ses temps primitifs, mais il prend l'auxiliaire *être* dans ses temps composés.

Nuire se conjugue régulièrement suivant ses temps primitifs.

Paître a tous les dérivés de ses trois temps primitifs : Prés. de l'indic. *Je pais, tu pais, il paît, nous paissons*, etc. Imparf. de l'ind. *Je paissais*, etc. Futur. *Je paîtrai*, etc. Cond. *Je paîtrais*, etc. Impérat. *Paissez*. Prés. du subj. *Que je paisse*, etc.

Résoudre, Répondre, Lire, Rompre se conjuguent régulièrement suivant leurs temps primitifs.

Prendre. Prés. de l'indic. *Je prends, tu prends, il prend, nous prenons, vous prenez, ils prennent.* Prés. du subj. *Que je prenne, que tu prennes, qu'il prenne, que nous prenions, que vous preniez, qu'ils prennent.*

Suffire, Suivre, Taire, Traire se conjuguent régulièrement suivant leurs temps primitifs.

Vaincre. Prés de l'indic. *Je vaincs, tu vaincs, il vainc, nous vainquons, vous vainquez, ils vainquent.* Les autres temps se conjuguent régulièrement suivant les temps primitifs. (Le singulier du présent et de l'imparfait de l'indic. est peu usité.)

Vivre se conjugue régulièrement suivant ses temps primitifs.

Conjugaison des verbes passifs.

168. Tous les verbes passifs se conjuguent de la même manière, au moyen du participe passé ajouté aux différents temps de l'auxiliaire *être*.

169. Nous donnons ici pour modèle le passif du verbe aimer :

INDICATIF.

PRÉSENT.

Je suis	aimé
Tu es	*ou*
Il *ou* elle est	aimée.
Nous sommes	aimés
Vous êtes	*ou*
Ils *ou* elles sont.	aimées.

IMPARFAIT.

J'étais	aimé
Tu étais	*ou*
Il *ou* elle était	aimée.
Nous étions	aimés
Vous étiez	*ou*
Ils *ou* elles étaient	aimées.

PASSÉ DÉFINI.

Je fus	aimé
Tu fus	*ou*
Il *ou* elle fut	aimée.
Nous fûmes	aimés.
Vous fûtes	*ou*
Ils *ou* elles furent.	aimées.

PASSÉ INDÉFINI.

J'ai été	aimé
Tu as été	*ou*
Il *ou* elle a été	aimée.
Nous avons été	aimés
Vous avez été	*ou*
Ils *ou* elles ont été	aimées.

PASSÉ ANTÉRIEUR.

J'eus été	aimé
Tu eus été	*ou*
Il *ou* elle eut été	aimée.
Nous eûmes été	aimés
Vous eûtes été	*ou*
Ils *ou* elles eurent été.	aimées.

PLUS-QUE-PARFAIT.

J'avais été	aimé
Tu avais été	*ou*
Il *ou* elle avait été	aimée.
Nous avions été	aimés
Vous aviez été	*ou*
Ils *ou* elles avaient été	aimée.

FUTUR.

Je serai	aimé
Tu seras	*ou*
Il *ou* elle sera	aimée.
Nous serons	aimés
Vous serez	*ou*
Ils *ou* elles seront	aimées.

FUTUR ANTÉRIEUR.

J'aurais été	aimé
Tu aurais été	*ou*
Il *ou* elle aurait été	aimée.
Nous aurions été	aimés
Vous auriez été	*ou*
Ils *ou* elles auront été	aimées.

CONDITIONNEL.

PRÉSENT.

e serais
u serais
ou elle serait
} aimé *ou* aimée.

ous serions
ous seriez
s *ou* elles seraient
} aimés *ou* aimées.

PASSÉ.

'aurais été
u aurais été
ou elle aurait été
} aimé *ou* aimée.

ous aurions été
ous auriez été
s *ou* elles auraient été
} aimés *ou* aimées.

On dit aussi :

'eusse été
u eusses été
t ou *elle eût été*
} *aimé* ou *aimée.*

ous eussions été
ous eussiez été
s ou *elles eussent été.*
} *aimés* ou *aimées.*

IMPÉRATIF.

Point de 1re personne du sing. ni de 3e pour les 2 nombres.

Sois } aimé *ou* aimée.

Soyons
Soyez
} aimés *ou* aimées.

SUBJONCTIF.

PRÉSENT OU FUTUR.

Que je sois
Que tu sois
Qu'il *ou* qu'elle soit
} aimé *ou* aimée.

Que nous soyons
Que vous soyez
Qu'ils *ou* qu'elles soient
} aimés *ou* aimées.

IMPARFAIT.

Que je fusse
Que tu fusses
Qu'il *ou* qu'elle fût
} aimé *ou* aimée.

Que nous fussions
Que vous fussiez
Qu'ils *ou* qu'elles fussent
} aimés *ou* aimées.

PASSÉ.

Que j'aie été
Que tu aies été
Qu'il *ou* qu'elle ait été
} aimé *ou* aimée.

Que nous ayons été
Que vous ayez été
Qu'ils *ou* qu'elles aient été
} aimés *ou* aimées.

PLUS-QUE-PARFAIT.

Que j'eusse été
Que tu eusses été
Qu'il *ou* qu'elle eût été
} aimé *ou* aimée.

Que nous eussions été
Que vous eussiez été
Qu'ils *ou* qu'elles eussent été.
} aimés *ou* aimées.

INFINITIF.

PRÉSENT.

Être aimé *ou* aimée.

PASSÉ.

Avoir été aimé *ou* aimée.

PARTICIPE.

PRÉSENT.

Étant aimé *ou* aimée.

PASSÉ.

Ayant été aimé *ou* aimée.

170. Quelques verbes neutres forment toujours leurs temps composés au moyen de l'auxiliaire *avoir*, d'autres avec le secours de l'auxiliaire *être*, quelques-uns, comme on le verra dans la syntaxe, prennent tantôt *être*, tantôt *avoir*.

168. Nous allons conjuguer le verbe neutre *tomber* :

Conjugaison des verbes neutres.

INDICATIF.

PRÉSENT.

Je tombe
Tu tombes.
Il *ou* elle tombe.
Nous tombons.
Vous tombez.
Ils *ou* elles tombent.

IMPARFAIT.

Je tombais.
Tu tombais.
Il *ou* elle tombait.
Nous tombions.
Vous tombiez.
Ils *ou* elles tombaient.

PASSÉ DÉFINI.

Je tombai.
Tu tombas.
Il *ou* elle tomba.
Nous tombâmes.
Vous tombâtes.
Ils *ou* elles tombèrent.

PASSÉ INDÉFINI.

Je suis tombé, *ou* tombée.
Tu es tombé, *ou* tombée.
Il est tombé, *ou* elle est tombée.
Nous sommes tombés, *ou* tombées.
Vous êtes tombés, *ou* tombées.
Ils sont tombés, *ou* elles sont tombées.

PASSÉ ANTÉRIEUR.

Je fus tombé, *ou* tombée.
Tu fus tombé, *ou* tombée.
Il fut tombé, *ou* elle fut tombée.
Nous fûmes tombés, *ou* tombées.
Vous fûtes tombés, *ou* tombées.
Ils furent tombés, *ou* elles furent tombées,

PLUS-QUE-PARFAIT.

J'étais tombé, *ou* tombée.
Tu étais tombé, *ou* tombée.
Il était tombé, *ou* elle était tombée.
Nous étions tombés, *ou* tombées.
Vous étiez tombés, *ou* tombées.
Ils étaient tombés, *ou* elles étaient tombées.

FUTUR.

Je tomberai.
Tu tomberas.
Il *ou* elle tombera.
Nous tomberons.
Vous tomberez.
Ils *ou* elles tomberont.

FUTUR PASSÉ.

Je serai tombé, *ou* tombée.
Tu seras tombé, ou tombée.
Il sera tombé, *ou* elle sera tombée.
Nous serons tombés, *ou* tombées.
Vous serez tombés, *ou* tombées.
Ils seront tombés, *ou* elles seront tombées.

CONDITIONNEL.

PRÉSENT.

Je tomberais.
Tu tomberais.
Il *ou* elle tomberait.
Nous tomberions.
Vous tomberiez.
Ils *ou* elles tomberaient.

PASSÉ.

Je serais tombé, *ou* tombée.
Tu serais tombé, *ou* tombée.
Il serait tombé, *ou* elle serait tombée.
Nous serions tombés, *ou* tombées.
Vous seriez tombés, *ou* tombées.
Ils seraient tombés, *ou* elles seraient tombées.

On dit aussi : *je fusse tombé*, ou *tombée, tu fusses tombé*, ou *tombée, il fût tombé*, ou *elle fût tombée ; nous fussions tombés*, ou *tombées, vous fussiez tombés*, ou *tombées, ils fussent tombés*, ou *elles fussent tombées*.

IMPÉRATIF.

Point de première personne du singul. ni de troisième pour les deux nombres.

Tombe.
Tombons.
Tombez.

SUBJONCTIF.

PRÉSENT OU FUTUR.

Que je tombe.
Que tu tombes.
Qu'il *ou* qu'elle tombe.
Que nous tombions.
Que vous tombiez.
Qu'ils *ou* qu'elles tombent.

IMPARFAIT.

Que je tombasse.
Que tu tombasses.
Qu'il *ou* qu'elle tombât.
Que nous tombassions.
Que vous tombassiez.
Qu'ils *ou* qu'elles tombassent.

PRÉTÉRIT.

Que je sois tombé, *ou* tombée.
Que tu sois tombé, *ou* tombée.
Qu'il soit tombé, *ou* qu'elle soit tombée.
Que nous soyons tombés, *ou* tombées.
Que vous soyez tombés, *ou* tombées.
Qu'ils soient tombés, *ou* qu'elles soient tombées.

PLUS-QUE-PARFAIT.

Que je fusse tombé, *ou* tombée.
Que tu fusses tombé, *ou* tombée.
Qu'il fût tombé, *ou* qu'elle fût tombée.
Que nous fussions tombés, *ou* tombées.
Que vous fussiez tombés, *ou* tombées.
Qu'ils fussent tombés, *ou* qu'elles fussent tombées.

INFINITIF.

PRÉSENT.

Tomber.

PASSÉ.

Être tombé, *ou* tombée.

PARTICIPE.

PRÉSENT.

Tombant.

PASSÉ.

Étant tombé, *ou* tombée.

FUTUR.

Devant tomber.

Conjugaison des verbes pronominaux.

171. Ces verbes, comme nous l'avons dit, se conjuguent toujours avec deux pronoms :

INDICATIF.

PRÉSENT.

Je me loue.
Tu te loues.
Il *ou* elle se loue.
Nous nous louons
Vous vous louez.
Ils *ou* elles se louent.

IMPARFAIT.

Je me louais.
Tu te louais.
Il *ou* elle se louait.
Nous nous louions.
Vous vous louiez.
Ils *ou* elles se louaient.

PASSÉ DÉFINI.

Je me louai.
Tu te louas.
Il *ou* elle se loua.
Nous nous louâmes.
Vous vous louâtes.
Ils *ou* elles se louèrent.

PASSÉ INDÉFINI.

Je me suis / Tu t'es / Il *ou* elle s'est } loué *ou* louée.
Nous nous sommes / Vous vous êtes / Ils *ou* elles se sont } loués *ou* louées.

PASSÉ ANTÉRIEUR.

Je me fus / Tu te fus / Il *ou* elle se fut } loué *ou* louée.
Nous nous fûmes / Vous vous fûtes / Ils *ou* elles se furent } loués *ou* louées.

PLUS-QUE-PARFAIT.

Je m'étais / Tu t'étais / Il *ou* elle s'était } loué *ou* louée.
Nous nous étions / Vous vous étiez / Ils *ou* elles s'étaient } loués *ou* louées.

FUTUR.

Je me louerai.
Tu te loueras.
Il *ou* elle se louera.
Nous nous louerons.
Vous vous louerez.
Ils *ou* elles se loueront.

FUTUR ANTÉRIEUR.

Je me serai / Tu te serai / Il *ou* elle se sera } loué *ou* louée.
Nous nous serons / Vous vous serez / Ils *ou* elles se seront } loués *ou* louées.

CONDITIONNEL.

PRÉSENT.

Je me louerais.
Tu te louerais.
Il *ou* elle se loueroit.
Nous nous louerions.
Vous vous loueriez.
Ils *ou* elles se loueraient.

PASSÉ.

Je me serais / Tu te serais / Il *ou* elle se serait } loué *ou* louée.
Nous nous serions / Vous vous seriez / Ils *ou* elles se seraient } loués *ou* louées.

On dit aussi :

Je me fusse / Tu te fusses / Il ou *elle se fût* } *loué* ou *louée.*
Nous nous fussions / Vous vous fussiez / Ils ou *elles se fussent* } *loués* ou *louées.*

IMPÉRATIF.

Point de 1re personne du sing. ni de 3e pour les 2 nombres.

Loue-toi.
Louons-nous.
Louez-vous.

SUBJONCTIF.

PRÉSENT OU FUTUR.

Que je me loue.
Que tu te loues.
Qu'il *ou* qu'elle se loue.
Que nous nous louions.
Que vous vous louiez.
Qu'ils *ou* qu'elles se louent.

IMPARFAIT.

Que je me louasse.
Que tu te louasses.
Qu'il *ou* qu'elle se louât.
Que nous nous louassions.
Que vous vous louassiez.
Qu'ils *ou* qu'elles se louassent.

PASSÉ.

Que je me sois / Que tu te sois. / Qu'il *ou* qu'elle se soit } loué *ou* louée.
Que nous nous soyons / Que vous vous soyez / Qu'ils *ou* qu'elles se soient } loués *ou* louées.

PLUS-QUE-PARFAIT.

Que je me fusse / Que tu te fusses / Qu'il *ou* qu'elle se fût } loué *ou* louée.
Que nous nous fussions / Que vous vous fussiez / Qu'ils *ou* qu'elles se fussent. } loués *ou* louées.

INFINITIF.

PRÉSENT.

Se louer.

PASSÉ.

S'être loué *ou* louée.

PARTICIPE.

PRÉSENT.

Se louant.

PASSÉ.

S'étant loué *ou* louée.

Conjugaison du verbe unipersonnel.

172. Les verbes unipersonnels, comme on l'a vu, ne sont usités qu'à la troisième personne du singulier.

INDICATIF.	CONDITIONNEL.
PRÉSENT.	PRÉSENT.
Il faut.	Il faudrait.
IMPARFAIT.	PASSÉ
Il fallait.	Il aurait fallu.
PASSÉ DÉFINI.	**SUBJONCTIF.**
Il fallut.	PRÉSENT OU FUTUR,
PASSÉ INDÉFINI.	Qu'il faille.
Il a fallu.	IMPARFAIT
PASSÉ ANTÉRIEUR.	Qu'il fallût.
Il eut fallu.	PASSÉ.
PLUS-QUE-PARFAIT.	Qu'il ait fallu.
Il avait fallu.	PLUS-QUE-PARFAIT.
FUTUR.	Qu'il eût fallu.
Il faudra.	**INFINITIF.**
FUTUR ANTÉRIEUR.	PRÉSENT.
Il aura fallu.	Falloir.

CHAPITRE VII.

Du Participe.

173. Il y a deux espèces de participes : le participe présent et le participe passé.

174. Le participe présent est tout à la fois verbe et adjectif : il est verbe, parce qu'il a la signification du verbe et qu'il en reçoit le complément : *Un enfant aimant ses parents*; il est adjectif, parce qu'il qualifie le mot auquel il se rapporte : *Un enfant aimant.*

175. Le participe présent est toujours invariable; il est appelé présent, parce qu'il marque un temps présent, relativement à une autre époque : *Travaillant pour ses enfants, cet homme amassa des richesses ; aimant l'étude, il travaille avec application.*

176. Il y a deux espèces de participes passés : le participe passé actif et le participe passé passif.

177. Le participe passé actif est toujours invariable. Comme le participe présent, il tient de la nature du verbe et de l'adjectif. Le complément direct du verbe est toujours placé après lui : *j'ai rendu des services à votre frère ; il a suivi mes conseils.*

178. Le participe passé passif a laissé de côté la qualité de verbe et n'a conservé que celle d'adjectif. Aussi, comme l'adjectif, il s'accorde dans tous les cas avec le mot auquel il se rapporte : *Un enfant sage ne lit que des livres estimés ; les ennemis ont été vaincus ; la personne que j'avais engagée à vous voir, est ici.*

179. Le participe passé actif sert toujours à former un temps passé : *j'ai aimé, j'avais aimé, j'aurais aimé, que j'eusse aimé, etc.*

180. Le participe passé passif sert tantôt à former un temps présent : *Je suis estimé ; cet enfant était aimé de ses maîtres quand il travaillait avec application*, et tantôt un temps passé : *Les ennemis avaient été vaincus.*

Dans l'exemple : *Cet enfant était aimé de ses maîtres quand il travaillait avec application*, *était aimé* exprime un temps présent relativement au verbe *travaillait* ; les deux faits avaient lieu en même temps.

CHAPITRE VIII.

De la Préposition.

181. La préposition est un mot invariable servant à marquer le rapport qui se trouve entre les idées : *Le livre de Pierre est plus usé que le mien : Paul travaille pour avoir des prix ; je vais à l'école* ; les mots *de*, *pour* et *à* sont des prépositions ; ils servent à marquer le rapport qui se trouvent entre les idées *livre* et *Pierre*, *travailler* et *avoir des prix*, *aller* et *école*.

182. La préposition a toujours un complément. S'il lui arrive d'être seule, c'est qu'elle est employée d'une manière adverbiale, ainsi que dans cette phrase : *J'irai devant, si vous me promettez de venir après.*

183. Un assemblage de mots qui remplissent la fonction d'une préposition, se nomment

locution prépositive ; tels sont *à l'égard de*, *en faveur de*, *jusqu'à*, etc.

184. Liste des principales prépositions :

A, *avant*, *après*, *auprès*, *avec*, *chez*, *contre*, *dans*, *de*, *deçà*, *delà*, *depuis*, *derrière*, *dès*, *dessous*, *dessus*, *devant*, *durant*, *en*, *entre*, *envers*, *environ*, *hormis*, *hors*, *malgré*, *moyennant*, *nonobstant*, *outre*, *par*, *parmi*, *pendant*, *pour*, *proche*, *sans*, *selon*, *sous*, *suivant*, *sur*, *touchant*, *vers*.

CHAPITRE IX.

De l'Adverbe.

185. L'adverbe est un mot invariable dont la fonction principale est de modifier l'idée d'attribut comprise dans le verbe adjectif ou attributif, et c'est de là que lui vient son nom ; si je dis, par exemple, *vous lisez*, *vous dansez*, *vous travaillez*, je ne présente que les idées générales *de lecture*, *de danse*, *de travail* ; mais si j'ajoute un adverbe et que je dise : *Vous lisez bien, vous dansez légèrement, vous travaillez soigneusement*, les adverbes *bien*, *légèrement*, *soigneusement* modifient les idées générales que présentent les attributs, *lisant*, *dansant*, *travaillant*.

186. L'adverbe a toujours un sens complet par lui-même ; il équivaut à une préposition accompagnée de son complément; *ainsi*, *bien*,

légèrement, *soigneusement*, équivalent aux locutions : *de cette manière*, *d'une manière convenable*, *avec légèreté*, *avec soin*.

187. L'adverbe modifie aussi un adjectif : *il est très-savant* ; ou un autre adverbe, *il parle bien ou très-éloquemment*.

188. Un assemblage de mots qui jouent le rôle d'un adverbe, s'appellent locution adverbiale ; tels sont : *à dessein*, *au hasard*, *en arrière*, *tour à tour*, etc.

188. Liste des principaux adverbes :

Ailleurs, *alentour*, *alors*, *assez*, *aujourd'hui*, *auparavant*, *auprès*, *aussi*, *aussitôt*, *autant*, *autrefois*, *autrement*, *beaucoup*, *bien*, *bientôt*, *combien*, *comment*, *davantage*, *dedans*, *dehors*, *déjà*, *demain*, *désormais*, *dessous*, *dessus*, *dorénavant*, *encore*, *enfin*, *ensemble*, *ensuite*, *fort*, *guère*, *hier*, *ici*, *jadis*, *jamais*, *là*, *loin*, *maintenant*, *même*, *mieux*, *moins*, *ne*, *où*, *partout*, *pas*, *point*, *peu*, *plus*, *plutôt*, *presque*, *quelque*, *souvent*, *tant*, *tantôt*, *tard*, *toujours*, *très*, *trop*, *utilement*, et tous les adverbes en *ment*, *volontiers*, *y*.

CHAPITRE X.

De la Conjonction.

190. La conjonction est un mot invariable qui unit les phrases entr'elles ; quand je dis : *Je crois que Dieu est saint* ; *il faut étudier*, *si l'on*

veut acquérir de la science ; je jouerai lorsque j'aurai fini mon devoir; les mots *que, si, lorsque* sont des conjonctions; chacune d'elles unit la phrase qui la suit à celle qui la précède.

191. Un assemblage de mots qui jouent le rôle d'une conjonction, se nomment locution conjonctive ; tels sont : *à mesure que, ainsi que, après que, avant que, tandis que, tant que*, etc.

192. Liste des principales conjonctions :

Ainsi, car, cependant, comme, donc, enfin, et, lorsque, mais, néanmoins, ni, or, pourtant, quand, quoique, si, sinon.

CHAPITRE XI.

De l'emploi des signes orthographiques.

Des Majuscules.

193. On doit commencer par une *majuscule* chaque phrase, chaque vers, tous les noms propres: *Pierre, Paul, Rome, le Rhin, les Cevennes;* ceux de sectes, *les Stoïciens*, et tous les noms communs employés comme noms propres : *La Musique est un art agréable.*

194. Les noms de peuples, de sectes, d'habitants d'une ville, ne prennent point une majus-

cule, lorsqu'ils n'expriment pas tout le peuple, toute la secte, tous les habitants de la ville; ou lorsqu'ils sont employés adjectivement : *Un français, des stoïciens, quelques avignonais, le peuple romain.*

195. Dans tout mot composé de plusieurs syllabes, il y en a toujours une sur laquelle on appuie plus que sur les autres. Cette élévation de la voix s'appelle *accent.*

196. Par extension, on appelle *accents* les signes destinés à marquer l'élévation de la voix; il y a trois accents : l'accent *aigu* (´), l'accent *grave* (`) et l'accent *circonflexe* (^).

197. L'accent aigu se met sur les *é* fermés, à la fin d'une syllabe : *bonté, vérifié.*

198. L'accent grave se place sur les *è* ouverts, à la fin d'une syllabe suivie d'une consonne et d'un *e* muet : *il espè re, il prospè re, pè re, mè re*, ou placés avant *s* à la fin d'un mot: *après, exprès.*

199. Les mots en *ége* prennent toujours l'accent aigu: *collége, manége*, ainsi que les locutions : *chanté-je? parlé-je? puissé-je? dussé-je?*

200. Il faut écrire de la manière suivante :

à, *dès* } prépositions.

là, *où* } adverbes de lieu.

a 3e personne du verbe *avoir*.
des mis devant un substantif.
la article ou pronom.
ou conjonction.

200. L'accent circonflexe se met sur les syllabes où l'on doit prolonger le son, ou pour annoncer le retranchement d'une lettre : *mûr*, *sûr*, *même*, *paraître*, *je voudrais qu'il étudiât*, etc.

201. On donne l'accent circonflexe a *tû* et à *crû* participes des verbes *taire* et *croître*, pour les distinguer, *tû* du pronom *tu*, et *crû* de *cru* participe du verbe *croire*.

De l'Apostrophe.

202. L'apostrophe tient la place d'une des voyelles *a*, *e*, *i*, que l'on retranche dans certains cas : *l'histoire*, *s'il veut*, *lorsqu'il faut*, *entr'aider*, *quelqu'un*, *grand'chose*.

De la Cédille.

203. La cédille se met sous le *ç* lorsque placé devant *a*, *o*, *u*, il doit avoir le son de *s* : *façade*, *reçu*.

Du Tréma.

204. Le tréma se met sur les voyelles qui doivent être détachées de celle qui précède : *naïf*, *Saül*. Ces mots ont par ce moyen deux syllabes *na if*, *Sa ul*.

Du Trait d'union.

205. Le trait d'union (-) s'emploie :

1° Pour unir les deux portions d'un mot qui ne

peut pas être contenu en entier dans la même ligne; mais dans ce cas il n'est guères en usage que dans les livres.

2° Entre les verbes et les pronoms *je*, *moi*, *toi*, *nous*, *vous*, *il*, *ils*, *elle*, *elles*, *le*, *la*, *les*, *lui*, *leur*, *y*, *en*, *ce*, *on*, quand ces pronoms sont après les verbes en qualité de sujets ou de compléments : *parlé-je*, *suis-moi*, *allez-y*.

S'il y a deux pronoms on met deux fois le trait d'union : *prêtez-le-moi*.

3° Avant ou après *là*, *ci* : *celui-là*, *celui-ci*, *ci-contre*.

4° Après la préposition *entre*, lorsqu'elle sert à marquer la réciprocité : *s'entre-donner*, et après *contre* dans les mots composés : *contre-batterie*.

5° Avant et après *t* employé pour la prononciation : *a-t-on dit*, *dira-t-on*.

Mais on écrit *va-t'en* avec un seul trait d'union parce que *t* est mis pour le pronom de la seconde personne.

6° Pour unir le mot même à un pronom : *moi-même*, *nous-mêmes*.

7° Dans les nombres : *deux cent dix-neuf*, *mil huit cent vingt-cinq*.

8° Pour unir des mots concourant à la formation d'une seule idée : *chef-lieu*, *petit-pâté*, *petit-pois*.

De la Parenthèse.

206. La parenthèse sert à embrasser certains mots qui, ne faisant point partie de la phrase, y jettent pourtant quelque jour : *délivré de son rival* (Narvaëz), *il avait tiré de nouvelles forces du parti opposé au sien.*

Des Guillemets.

207. Les guillemets (« ») servent aussi à séparer du reste du discours les citations un peu longues. Le premier signe se met au commencement, et le second, à la fin de la citation.

SECONDE PARTIE

Introduction à la syntaxe.

De la Proposition.

208. L'énonciation de nos pensées, soit par le langage parlé, soit par le langage écrit, s'appelle *discours*.

209. Le discours se compose de phrases. La phrase est ou une proposition, ou une réunion de propositions formant un sens cemplet. On appelle *période* une phrase formée de plusieurs propositions toutes nécessaires pour que le sens soit achevé. Dans cette phrase : *Si monsieur de Turenne n'avait su que combattre et vaincre*, *je le mettrais au rang des Fabius et des Scipions*, les deux propositions sont nécessaires à l'énonciation complète de la pensée.

210. Chaque proposition partielle se nomme membre de la période ; la phrase précédente a deux membres.

211. Chaque membre peut être simple ; mais il peut aussi être suivi d'une ou de plusieurs

propositions qui en sont alors parties intégrantes, comme dans l'exemple suivant : *Si nous encourageons les écoliers qui se montrent studieux*, (premier membre ayant deux propositions dépendantes) *nous donnerons peut-être l'amour du travail à ceux qui s'acquittent négligemment de leurs devoirs*. (Second membre semblable au premier).

212. L'énonciation d'un jugement s'appelle *proposition*; c'est l'expression la plus simple de la pensée. Les mots *Dieu est bon* constituent une proposition ; ils expriment l'acte de l'esprit par lequel on juge que la qualité de *bon* convient à *Dieu*.

213. Une phrase contient autant de propositions qu'on y trouve de verbes à un mode *personnel*, c'est-à-dire, à un mode autre que l'infinitif.

214. La proposition peut être considérée ou *grammaticalement* ou *logiquement*; sous le premier point de vue, on y trouve autant de parties qu'il y a de mots ; sous le second, elle se compose seulement de trois parties : le *sujet*, le *verbe* et *l'attribut*.

215. Dans un cas comme dans l'autre, le *sujet* est l'objet du jugement ; *l'attribut* est la qualité qu'on juge convenir au *sujet*; le *verbe* est le mot qu'on emploie pour exprimer cette convenance.

216. La proposition est affirmative alors même qu'elle renferme une négation ; celle-ci tombe sur l'attribut, et non sur le verbe. Dans le jugement : *Dieu n'est pas injuste*, *Dieu* est le sujet, *est* le verbe, *ne pas injuste*, l'attribut.

217. Une proposition peut avoir pour sujet un substantif, un pronom, un infinitif, ou quelquefois une autre proposition.

218. N'oublions pas qu'il n'est qu'un verbe à proprement parler, le verbe *être*, et que les autres ne sont que des combinaisons de celui-là et de mots exprimant les qualités des substances.

220. Une proposition peut avoir pour attribut un adjectif, un participe présent ou passé, un substantif, un pronom, un infinitif ou quelquefois un jugement entier.

219. Considérée logiquement, toute proposition, comme je l'ai dit plus haut, se compose seulement de trois parties, le *sujet*, le *verbe* et *l'attribut*. Mais le *sujet* et *l'attribut* ne se présentent pas toujours avec la même simplicité que dans la proposition *Dieu est bon*. Si nous avions pu représenter par un nom particulier chaque idée soit de substance, soit de modification, telle que nous la concevons par la pensée, le discours aurait toujours conservé cette simplicité, mais souvent nous avons besoin de recourir à certains moyens pour déterminer les idées que nous voulons énoncer. Ces moyens sont ce que nous appelons *compléments logiques* ou *essentiels*. Dans cette proposition : *L'étude de la grammaire est utile*, *de la grammaire* est le complément logique de *étude*.

En effet le substantif *étude* est un terme général représentant un travail fait sur un objet quelconque; c'est par conséquent un mot vague qui seul ne peut servir à exprimer ce que nous avons en vue dans le moment ; tandis qu'en ajoutant *de la grammaire* nous circonscrivons le domaine de ce terme , et nous sommes parfaitement compris.

221. Par extension, on appelle *compléments logiques*, des idées sans lesquelles le sujet ou l'attribut, auquel elles s'appliquent, ne cesse pas d'être complet. Conservons-leur ce nom , s'il le faut; mais ne les confondons pas avec les compléments essentiels : *Votre frère, qui est venu me voir, doit aller à la campagne;* l'idée exprimée par le substantif *frère* est complète sans le complément *qui est venu me voir*, tandis que celle de l'attribut compris dans le verbe *doit* ne l'est pas si l'on tranche *aller à la campagne*.

222. Les compléments, de quelque nature qu'ils soient, ne sont pas une quatrième partie de la proposition , parce que sans les premiers, le sujet et l'attribut seraient incomplets , et que les derniers ne les accompagnent, pour ainsi dire, que par occasion.

223. L'adjectif figure comme complément essentiel, ou simplement comme attribut. Dans cette proposition : *Les écoliers studieux remporteront des prix*, l'adjectif *studieux* est complément essentiel , c'est-à-dire , partie intégrante du substantif *écoliers*, tandis qu'il est simplement

attribut dans cette proposition : *Mes élèves sont studieux.*

224. Dans le sujet ou dans l'attribut d'une proposition peuvent se trouver des idées qui servant de complément essentiel à une idée ou à des idées précédentes, ont besoin elles-mêmes d'un complément de la même nature. Dans cet exemple: *L'homme constant dans ses principes jouit de l'estime des honnêtes gens*, l'adjectif *constant* est partie intégrante du substantif *homme* ; mais comme il exprime lui-même une idée générale, qu'il signifie une constance quelconque et que toute constance n'est pas digne de l'estime des honnêtes gens, il faut restreindre l'idée qu'il exprime et c'est ce que font les mots *dans ses principes*, complément essentiel de cette idée ; le même rapport existe entre l'attribut *jouissant* et le substantif *estime*, entre le substantif *estime* et le substantif *honnêtes gens*.

225. Le verbe indique la coexistence du sujet et de l'attribut, et selon que cette coexistence est rapportée au passé, au présent, ou au futur, le verbe prend différentes formes que l'on nomme *temps*, comme je l'ai déjà dit : *Je fus content, je suis content, je serai content* ; mais le verbe ne marque pas par lui-même la durée de la coexistence du sujet et de l'attribut, ni l'époque précise à laquelle elle a eu lieu dans le passé, ou aura lieu dans le futur. L'idée du verbe peut alors être complétée à cet égard : *Je fus content hier, je suis souvent content, je serai toujours content.* L'idée de durée ou l'époque précise ne

modifie point l'attribut, mais bien l'idée d'existence exprimée par le verbe; hors de là, celui-ci ne peut avoir de complément; ainsi il y a une ellipse dans la proposition suivante : *Je suis à votre service* qui est pour : *Je suis dévoué à votre service.*

226. Si les verbes *attributifs* reçoivent des compléments d'une autre nature, c'est pour restreindre l'extension des attributs qu'ils renferment : *J'aime Dieu* étant pour : *Je suis aimant Dieu*, le substantif *Dieu* restreint l'idée générale exprimée par le participe *aimant.*

227. Le sujet et l'attribut peuvent être *simples* ou *composés*, *incomplexes* ou *complexes.*

228. Le sujet est *simple*, quand il n'exprime qu'un être, ou que des êtres pris collectivement ou qu'une seule idée : *La science est avantageuse; les Français sont courageux; étudier est utile.*

229. L'usage a prévalu, mais à tort, de considérer comme simple le sujet exprimant des êtres pris collectivement. Le sujet de cette proposition : *Pierre et Paul jouent*, n'est pas plus composé, ou pour mieux dire, est moins composé que le mot *Français* que nous venons de voir; en effet l'un ne comprend que deux individus, l'autre en contient autant qu'il y a de *Français.* Pour justifier l'usage, on peut dire que le sujet exprimant des objets pris collectivement, présentant une addition toute faite, a pu être considéré comme une unité; seulement pour être logique on devrait mettre au singulier les verbes qui ont des sujets semblables.

230. Le sujet est *composé*, quand il exprime des êtres non pris collectivement, ou plus d'une idée : *La vertu et le génie sont avantageux à l'homme ; lire et étudier sont utiles aux enfants.*

231. Mais comme la composition du sujet n'a lieu qu'autant qu'il est possible de faire un nombre de propositions égal aux parties distinctes qu'il contient, il s'ensuit que le sujet est simple lorsque l'attribut ne convient pas à chaque partie en particulier : *Boire, manger et dormir sont le partage de la brute ;* on ne peut pas dire : *boire est le partage de la brute ; manger est le partage de la brute ; dormir est le partage de la brute ; boire, manger* et *dormir* exprimant trois idées applicables à l'homme qui n'est pas une brute ; conséquemment le sujet n'est pas composé.

232. L'attribut est *simple*, quand il n'exprime qu'une seule manière d'être du sujet : *Dieu est bon, le coq chante,* c'est-à-dire, *est chantant.*

233. L'attribut est *composé*, lorsqu'il exprime plusieurs manières d'être du sujet : *Auguste fut doux et humain.*

234. Le sujet et l'attribut sont *incomplexes* quand ils n'ont pas de complément ; : *Le soleil est lumineux.*

235. Le sujet et l'attribut sont *complexes* quand ils ont quelque complément : *Les écoliers studieux recevront des récompenses ; Bayard, guerrier plein de valeur, naquit dans le Dauphiné.*

236. La proposition est ou *principale*, ou

incidente. La proposition *principale* est celle qui ne figure pas comme complément ; il peut y en en avoir plusieurs dans une même phrase.

237. La proposition principale est *absolue*, ou *non-absolue ;* elle est *absolue*, quand elle a par elle-même un sens complet : *Le soleil, qui est lumineux, éclaire la terre* ; *le soleil éclaire la terre* est une proposition principale, absolue.

238. La proposition principale est *non-absolue*, quand elle n'a pas par elle-même un sens complet : *Je crois que votre frère doit aller à la chasse* : *je crois* est une proposition principale *non-absolue*.

239. La proposition incidente est celle qui figure comme complément essentiel, ou non essentiel, d'un des termes d'une autre proposition. Dans cette phrase : *Je crois que votre frère doit aller à la chasse*, la proposition *que votre frère doit aller à la chasse*, figure comme complément essentiel de l'attribut de la proposition principale.

240. La proposition est encore incidente, lorsque, sans figurer comme complément d'un des termes d'une autre proposition, elle exprime un sens qui fournit une explication, nécessaire ou non, à celui d'une autre proposition. Dans cette phrase : *Je sortirai, si le temps le permet*, la proposition *si le temps le permet*, sans être complément d'un des termes de la première, sert d'explication au sens de la proposition principale.

241. La proposition incidente *est essentielle*, ou *non-essentielle*.

242. La proposition incidente est *essentielle*, lorsqu'on ne peut la retrancher sans altérer le sens. Dans cette phrase: *Les louanges que le cœur donne, sont celles que la bonté s'attire*, les propositions *que le cœur donne et que la bonté s'attire*, sont *incidentes-essentielles*, parce que, si on les supprime, le reste n'a plus de sens.

243. La proposition incidente est *non-essentielle* lorsqu'on peut la retrancher sans altérer le sens. Dans cette phrase; *Lisez Racine, qui a surpassé les anciens*, la proposition *qui a surpassé les anciens*, est incidente, *non-essentielle*, parce que sans elle le reste a un sens.

244. La proposition, soit principale, soit incidente peut être *directe*, *transposée*, *complète*, *elliptique*, *explétive*, ou *implicite*.

245. La proposition est *directe* lorsque les parties dont elle est composée, sont dans l'ordre analytique de la pensée, lequel exige qu'on énonce d'abord le sujet et ses compléments, puis le verbe, ensuite l'attribut et les compléments qui s'y rapportent, comme dans cette proposition: *L'écolier qui fait toujours ses devoirs avec soin, sera récompensé par ses maîtres.*

246. La proposition est *transposée* lorsque cet ordre n'est pas gardé: *Toujours d'un bon auteur la lecture profite.*

247. La proposition est *complète* lorsque le sujet, le verbe et l'attribut sont exprimés: *Nos soldats sont courageux.*

248. La proposition est *elliptique* lorsqu'un ou plusieurs des termes essentiels sont sous-en-

tendus : *Étudiez vos leçons avec soin*, où le sujet *vous* n'est pas exprimé.

249. La proposition est *explétive*, lorsqu'il y a quelque mot surabondant : *Je vous l'ai dit, à vous-même*, où le pronom *vous* est mis une fois de trop.

250. La proposition est *implicite*, lorsque le sujet, le verbe et l'attribut sont entièrement sous-entendus : *Avez-vous vu le jeune homme que je vous ai adressé ? Oui. Vous a-t-il promis ce que vous lui avez demandé ? Non. Oui* et *non* représentent chacun une proposition : *oui* équivaut à *je l'ai vu* ; *non* répond à *il ne me l'a pas promis*.

251. Les interjections aussi équivalent à des propositions entières.

De la Syntaxe.

252. La syntaxe a pour objet la manière de joindre les mots d'une phrase et les phrases entr'elles, et se propose de faire connaître le rôle que chaque mot peut jouer dans le discours.

Il y a deux sortes de syntaxe, la syntaxe *d'accord*, par laquelle un mot subit les mêmes modifications qu'un autre mot auquel il se rapporte ; et la syntaxe *de complément*, par laquelle un mot, plusieurs mots, ou une phrase complète l'idée ou les idées exprimées par un autre mot, par plusieurs autres mots, ou par une autre phrase.

Syntaxe du Substantif.

Les enfants sont légers.

253. Le substantif peut figurer comme sujet d'une proposition : *Les enfants sont légers* ; l'idée de légèreté est appliquée au mot *enfants*, qui est présenté comme coexistant avec la qualité exprimée par l'adjectif.

Le jardin de mon oncle n'est pas éloigné de la ville.

254. Le substantif peut être complément d'un autre substantif par l'intermédiaire d'une préposition : *Le jardin de mon oncle n'est pas éloigné de la ville* ; le substantif *oncle* est le complément du substantif *jardin*.

Cet homme est utile à ses voisins.

255. Le substantif peut être complément d'un adjectif, encore par l'intermédiaire d'une préposition : *Cet homme est utile à ses voisins*. L'adjectif *voisins*, pris ici substantivement, est le complément de l'adjectif *utile*.

On aime les enfants studieux.

256. Il peut être complément direct d'un verbe actif : *On aime les enfants studieux*. C'est sur les enfants que retombe l'action exprimée par le verbe *aimer*.

Les maîtres donnent des éloges à l'écolier studieux.

257. Il peut être encore complément indirect d'un verbe actif, et dans ce cas il est précédé d'une préposition : *Les maîtres donnent des éloges à l'écolier studieux ; ce chemin conduit à la vertu*. Le substantif *écolier* est le complément indirect du verbe *donner* et le substantif *vertu* est celui du verbe *conduire*.

Cet enfant nuit à ses condisciples.

258. Le substantif s'emploie aussi comme complément d'un verbe neutre, toujours avec une préposition : *Cet enfant nuit à ses condisciples* ; le substantif *condisciples* est le complément du verbe neutre *nuire*.

Cet enfant est aimé de ses maîtres.

259. Le substantif peut figurer encore comme complément d'un verbe passif, au moyen d'une préposition : *Cet enfant est aimé de ses maîtres* ; le substantif *maîtres* est le complément du verbe passif *est aimé*.

Syntaxe du Pronom.

260. Le pronom, d'après sa nature et sa fonction, est soumis aux mêmes règles que le substantif.

261. Nous ferons seulement observer que

certains pronoms figurent souvent comme compléments indirects, quoique le rapport qu'ils ont avec le mot complété ne soit pas exprimé par une préposition. *On nous a donné des récompenses*, pour *on a donné à nous des récompenses; je lui ai dit d'aller étudier*, pour *j'ai dit à lui d'aller étudier; ces enfants se sont donné des éloges*, pour *ces enfants ont donné des éloges à eux; je me suis fait cadeau d'un habit*, pour *j'ai fait cadeau d'un habit à moi; l'affaire est très-importante, j'y donnerai mes soins*, pour *je donnerai à elle mes soins.*

Au lieu de *lui* on met *y*, quand il s'agit de représenter un nom exprimant un objet inanimé.

Règles particulières aux pronoms.

Il nous a fait un accueil que nous n'attendions pas.

262. Les pronoms qui semblent dans tous les cas devoir remplacer les substantifs, ne peuvent tenir la place d'un substantif pris dans un sens indéterminé. C'est que le substantif, dans ce cas, se présente comme partie intégrante du mot dont il est le complément; et ce mot, soit verbe, soit préposition, ne pouvant être remplacé par un pronom dans la proposition suivante, le substantif qui en fait partie, doit être précédé de l'article ou de l'adjectif déterminatif *un, une*, qui annoncera que ce substantif en est détaché et se trouve restreint à l'espèce ou à

l'individualité. Ainsi au lieu de : *il nous a fait accueil que nous n'attendions pas*, il faut dire : *Il nous a fait un accueil que nous n'attendions pas.*

Les ennemis nous attaquèrent plus tôt que nous ne l'avions cru.

263. Le mot *pronom* semble annoncer que les pronoms ne seront employés que pour remplacer les substantifs. Cependant ils peuvent aussi tenir la place d'une proposition : *Les ennemis nous attaquèrent plus tôt que nous ne l'avions cru.*

Cela vient de ce qu'une proposition peut, comme le substantif, remplir à l'égard d'un verbe la fonction de complément ; dans cette phrase : *Nous n'avions pas cru que les ennemis nous attaqueraient sitôt*, la proposition *que les ennemis nous attaqueraient sitôt*, joue relativement au verbe *croire* le même rôle que dans celle-ci : *j'aime Dieu*, le substantif *Dieu* joue par rapport au verbe *aimer*. La proposition *que les ennemis nous attaqueraient sitôt*, pouvant être complément comme un substantif, il n'est pas étonnant qu'elle soit représentée par un pronom.

Enfants, êtes-vous studieux? Nous le sommes.

264. Le pronom *le* que nous venons de voir employé pour une proposition, peut encore représenter un adjectif, et reste invariable, que l'adjectif soit singulier ou pluriel, masculin ou féminin : *Enfans, êtes-vous studieux? Nous le sommes. Mademoiselle, êtes-vous paresseuse? Je ne*

le suis pas. Mesdemoiselles, êtes-vous studieuses? Nous le sommes. Le, dans ce cas, ne varie point parce que l'adjectif dont il tient la place, n'ayant par lui-même ni genre ni nombre ne peut lui communiquer la variabilité. La règle est la même quand *le* représente un substantif pris adjectivement : *Êtes-vous élèves de la classe de* 3e *? Nous le sommes.*

265. Mais il ne faut pas confondre ce cas avec celui ou *le* représente un substantif; alors il varie, et l'on dit : *Êtes-vous les élèves de la classe de* 3e *? Nous les sommes;* c'est-à-dire *nous sommes les élèves de la classe de* 3e. *Mademoiselle, êtes-vous la sœur de Paul? Je la suis ; je suis la sœur de Paul. Mesdemoiselles, êtes-vous les cousines de Charles? Nous les sommes; nous sommes les cousines de Charles.* Le pronom varie parcequ'il représente un substantif qui a la propriété de communiquer la variabilité.

266. La règle est la même quand il s'agit d'un adjectif pris substantivement : *Ces messieurs sont-ils les savants dont nous avons parlé ? Ils les sont ; ils sont les savants dont nous avons parlé.*

Lafontaine a été aussi loin qu'Esope dans tout ce que celui-ci a de meilleur.

267. Il faut éviter l'amphibologie qui peut provenir de l'emploi des pronoms. Outre que le discours a moins de grâce, souvent le lecteur ou l'auditeur ne comprendrait pas bien le rapport marqué par celui qui parle ou qui écrit. Cette

phrase : *Lafontaine a été aussi loin qu'Esope dans tout ce que celui-ci a de meilleur*, présenterait une amphibologie si l'on mettait *il* à la place de *celui-ci* ; on ne saurait si le pronom *il* se rapporte à Lafontaine ou à Esope.

Chacun n'aime que soi.

268. Le pronom *lui* doit se remplacer par *soi*, lorsqu'il se rapporte à un mot vague, comme *on*, *quiconque*, *chacun*, *personne*, *etc.* Ainsi au lieu de : *chacun n'aime que lui*, il faut dire : *chacun n'aime que soi; lui* exprimerait un individu autre que le sujet.

269. Il faut encore remplacer *lui* par *soi*, lorsque sans qu'il y ait un mot vague, on veut éviter une amphibologie plus grande encore : *En suivant les conseils de son maître, l'écolier travaille pour soi; lui* pourrait se rapporter au *maître* ou à l'*écolier*.

Il y a deux tasses sur la cheminée ; apportez-moi celle qui est placée du côté droit.

270. L'usage exige que l'on ne mette pas un adjectif ou un participe immédiatement après les pronoms *celui*, *celle*, *ceux*, *celles ;* ainsi au lieu de dire : *il y a deux tasses sur la cheminée; apportez moi celle placée du côté droit*, il faut dire : *Il y a deux tasses sur la cheminée ; apportez-moi celle qui est placée du côté droit.*

C'est une bizarrerie de notre langue, parce que le pronom *celle*, suivi seulement du participe *placée*, détermine aussi bien la tasse qu'on désire, qu'avec la proposition *qui est placée*.

Le pays d'où je viens, est charmant.

271. *Dont* et *d'où* ne doivent pas être confondus : on emploie le premier lorsqu'il ne s'agit pas d'une idée de sortie : *les livres dont je me sers sont très-utiles*; on se sert du second quand c'est l'idée de sortie que l'on veut exprimer : *Le pays d'où je viens est charmant.*

Avec l'idée *d'être issu*, *d'être né*, il faut employer *dont : la famille dont il sort est la première du pays.*

C'est que l'idée de sortie est mise ici pour l'idée d'appartenance qui s'exprime par la préposition *de : le livre de Pierre.* C'est comme s'il y avait : *la famille dont (de laquelle) il est membre*, etc.

Les deux députés se retirèrent, chacun de son côté, après avoir exposé chacun leurs raisons.

272. *Chacun* après un pluriel exige *son*, *sa*, *ses*, quand il est après le complément direct, ou que le verbe n'a pas de complément de cette nature; et au contraire il veut *leur*, *leurs*, lorsqu'il est placé avant le complément direct : Ainsi il faut dire : *les deux députés se retirèrent, chacun de son côté, après avoir exposé chacun leurs raisons*, parce que le premier est précédé du complément direct *se*, et que le second est suivi de l'autre complément direct *leurs raisons*.

Voici le motif de cette différence : dans le premier cas, *chacun* représente les députés séparément, et se trouve sujet d'un verbe sous-entendu: *les députés se retirèrent*, *chacun* (se retira) *de son côté*. Comme il ne s'agit que d'un seul individu il faut *son* et non *leur*. Dans le second cas, *chacun* représente à la fois les deux individus et figure comme un adjectif invariable qualifiant le substantif *députés*. Comme il s'agit de deux individus, on met *leur* à la place de *son* exigé dans le premier cas.

Ils se louaient l'un l'autre , les uns les autres.

273. Quand on veut exprimer une idée de réciprocité, on ne doit pas mettre la conjonction *et* entre *l'un l'autre*, ni entre *les uns les autres* : ainsi il faut dire: *Ils se louaient l'un l'autre*, ou *les uns les autres*, s'il s'agit de plus de deux.

Voici la raison de cette règle: Entre *l'un l'autre*, *les uns les autres* on sous entend le verbe qui précède; c'est comme s'il y avait : *Ils se louaient*, *l'un* (louait) *l'autre*, *les uns* (louaient) *les autres*; la conjonction *et* marquant l'addition, est inutile lorsqu'on n'ajoute pas une idée à une autre idée.

Ils se louaient l'un et l'autre, *les uns et les autres* ferait entendre que les individus se donnaient des éloges à eux-mêmes, et exprimerait une action dont le sujet du verbe serait en même temps le terme, comme dans les verbes réfléchis : *je me flatte*, *tu te flattes*, *il se flatte*, etc.

Je ne vois goutte.

274. Un pronom devant toujours se rapporter à un nom précédent, il faut dire : *Je ne vois goutte* et non pas *je n'y vois goutte*, parce que le pronom *y* n'aurait rapport à rien. Mais on dirait : *Ce raisonnement est si obscur ; que l'on n'y voit goutte*, le pronom *y* ayant pour antécédent le mot *raisonnement*.

Syntaxe de l'Article.

Les enfants sont légers.

275. L'article s'accorde en genre et en nombre avec le nom auquel il se rapporte, et s'emploie devant un substantif commun exprimant un genre, une espèce ou un individu déterminé : *Les enfants sont légers* ; *les enfants studieux seront récompensés ; l'enfant dont je vous ai parlé, aime le travail.*

Dans le premier exemple, le substantif *enfants* exprime un genre : il s'agit de tous les enfants ; dans le second, il ne présente plus qu'une espèce d'*enfants*, *les enfants studieux;* et dans le troisième , il n'exprime qu'un seul individu, l'*enfant dont je vous ai parlé*.

Je vous ai prêté de bons livres.

276. On supprime l'article, ou l'adjectif déterminatif, devant les substantifs communs précédés d'un adjectif qualificatif qui les réduit à l'espèce, lorsqu'ils ne représentent qu'une partie de l'espèce : *Je vous ai prêté de bons livres* ; tous

les bons livres n'ont pas été prêtés ; *nous mangeons d'excellent pain* ; nous ne mangeons pas tout le pain qui est excellent.

C'est que les substantifs *livres* et *pain*, étant déterminés chacun par un adjectif, n'ont plus besoin de l'article dont l'emploi leur donnerait une extension qui n'est pas dans l'esprit de la personne qui parle. Cela est si vrai que si l'adjectif qualificatif est après le substantif, il n'a plus la même propriété déterminante, par cela seul qu'il ne précéde pas, et alors il faut devant le substantif le signe de la détermination : *Je vous ai prêté des livres excellents; nous mangeons du pain excellent.* Il en est de même si l'on supprime l'adjectif : *Je vous ai prêté des livres; nous mangeons du pain.*

277. Si au contraire le substantif exprime l'espèce entière, l'article est nécessaire, bien que le substantif soit précédé d'un adjectif qualificatif : *Vous aimez la lecture des bons livres* : il s'agit de tous les bons livres.

Dans ce cas l'adjectif *bons* n'est pas employé en qualité de déterminatif comme dans l'exemple : *Je vous ai prêté de bons livres.* La qualité qu'il exprime est inhérente, essentielle à l'idée exprimée par le substantif *livres*. Sans cette qualité, le substantif *livres* ne serait pas le représentant d'une espèce entière. Aussi les mots *bons* et *livres* ne forment dans ce cas qu'une seule idée composée que nous exprimerions par un seul mot si nous le pouvions. Les mots *bons livres* ont la valeur de ceux-ci *grand-homme*, *petits-pois*, *petits-pâtés*, tandis que dans la phrase *je vous ai prêté de bons livres*, il y a deux idées distinctes que l'esprit ne réunit pas en une seule, *bons* et *livres* : l'une sert d'étiquette à l'autre.

Nous avons mangé des petits-pois.

278. Si l'adjectif et le substantif concourent à la formation d'un substantif composé qui n'aurait plus de sens ou ne présenterait plus le même sens par le retranchement de l'un ou de l'autre, l'on fait précéder le substantif du signe de la détermination : *Nous avons mangé des petits-pois et des petits-pâtés; nous avons rencontré des petits-maîtres ; cet homme dit toujours des bons-mots*, exemples analogues à ceux qui précèdent : *je vous ai prêté des livres; nous mangeons du pain.*

Cela vient de ce qu'il ne s'agit pas de *pois petits*, mais de l'espèce de légume appelée *petits-pois*; de *pâtés petits*, mais de l'espèce de *pâtés* qu'on appelle *petits-pâtés*; de *mots bons*, mais de l'espèce de *mots* (*mot* ici peut signifier *phrase*) qu'on appelle *bons-mots*.

J'ai parcouru le grand et le petit jardin de votre oncle.

279. Il faut répéter devant chaque substantif l'article et tous les mots qui déterminent, *mon*, *ton*, *son*, etc. : *J'ai parcouru le grand et le petit jardin de votre oncle*. Si l'on ne mettait qu'une fois l'article, etc., il semblerait qu'il ne s'agit

que d'*un jardin grand et petit* tout à la fois, ce qui est impossible.

L'usage même veut que ces mots se répètent devant chaque substantif, alors même qu'en les supprimant on ne présenterait pas des idées différentes de celles qu'on veut exprimer. Ainsi l'on dit : *les pères et les enfants travaillent*, et non point *les pères et enfants*.

La plus forte des deux mains est ordinairement la main droite.

280. Dans les comparaisons, l'article se met avant l'adjectif lorsque celui-ci précède le substantif : *La plus forte (main) des deux mains est ordinairement la main droite; voilà les plus sages écoliers de la classe.*

Votre lettre m'a fait plaisir.

281. On n'emploie pas l'article devant un substantif d'espèce indéterminée : *votre lettre m'a fait plaisir; j'ai acheté une table de marbre; c'est un homme de mérite; il se conduit avec sagesse.*

Je ne dis pas que le plaisir soit *grand*, *vif*, *médiocre*, etc, ; que le marbre soit *blanc* ou *rouge*, le bois, *de telle espèce*, le mérite et la sagesse, *de telle nature*, et c'est pour cela qu'il ne faut pas l'article.

Dans ce cas le substantif semble ne faire qu'un avec le mot dont il est le complément, *faire plaisir*, *maison en bois*, *homme sans mérite*, *se conduire avec sagesse*, et il est certain que si les langues auxquelles ces locutions sont propres, avaient pu présenter ces idées par un seul mot, elles l'auraient fait, comme nous disons *communiquer*, pour *faire une communication*, etc.

Alexandre vainquit une multitude de peuples.

282. On ne met pas non plus l'article avant un substantif précédé d'un collectif ou d'un adverbe de quantité : *Alexandre vainquit une multitude de peuples.*

A moins que le substantif ne soit suivi d'une proposition incidente, essentielle : *J'ai rencontré ce matin un grand nombre des personnes que nous avons vues hier.* Dans le premier cas on ne veut pas déterminer les peuples vaincus ; dans le second, on précise les personnes dont il s'agit.

Je ne vous ferai pas de reproches.

283. On ne donne pas non plus l'article à un substantif complément d'un verbe actif accompagné d'une négation : *Je ne vous ferai pas de reproches.*

A moins que le substantif ne soit suivi d'un adjectif ou d'une proposition incidente, essentielle : *Je ne vous ferai pas des reproches frivoles* ; *on ne recherche point des hommes qu'on méprise.*

Le motif de cette règle est le même que celui de la précédente.

Votre sœur est la plus charmante de ces demoiselles.

Votre sœur est encore agréable, lorsqu'elle est le plus mécontente.

284. Avant les mots *plus*, *mieux*, *moins*, l'article varie, quand il s'agit d'une comparaison établie entre plusieurs objets, parce qu'il s'accorde avec un substantif sous-entendu : *Votre sœur est la plus charmante (demoiselle) de ces demoiselles.*

285. Il ne varie pas, c'est-à-dire, qu'on emploie toujours *le*, lorsque la comparaison n'a lieu qu'entre les différents degrés avec lesquels une même qualité se présente dans un même objet, parce qu'alors avec les mots *plus*, *mieux*, *moins*, il modifie un adjectif qui ne peut imposer ni le genre, ni le nombre, les recevant lui-même d'ailleurs : *Votre sœur est encore agréable lorsqu'elle est le plus mécontente.*

286. Il en est de même, et pour le même motif, avec un verbe et un adverbe : *Les personnes qui parlent le mieux, le plus correctement, se trompent quelquefois.*

Syntaxe de l'Adjectif.

De l'Adjectif qualificatif.

Le Dieu saint que nous adorons, est plein de bonté.

287. Comme les qualités, dans la nature,

s'adaptent parfaitement aux substances sans lesquelles elles ne peuvent exister, pour marquer cette union intime, l'adjectif s'accorde en genre et en nombre avec le substantif auquel il se rapporte : *Le Dieu saint que nous adorons, est plein de bonté.*

Le père et le fils bons obtiennent l'approbation de tout le monde.

La mère et la fille bonnes s'aiment tendrement.

288. Quand un adjectif se rapporte à deux substantifs on met cet adjectif au pluriel : *Le père et le fils bons obtiennent l'approbation de tout le monde. La mère et la fille bonnes s'aiment tendrement.*

C'est une manière abrégée de s'exprimer : au lieu de dire : *Le père bon et le fils bon ; la mère bonne et la fille bonne*, on supprime une fois l'adjectif et pour cela on met l'autre au pluriel.

La mère et le père bons sont chéris de leurs enfants.

289. Comme l'homme joue le rôle le plus important dans la nature, l'adjectif qui se rapporte à deux substantifs d'un genre différent, se met au masculin : *La mère et le père bons sont chéris de leurs enfants.*

Si l'adjectif a une terminaison, pour chaque genre, *bon, bonne*, il faut avoir soin de mettre, comme nous l'avons fait, le substantif masculin le dernier : l'oreille serait choquée de la construction contraire.

290. Quand les substantifs ont à-peu-près la même signification, ou qu'ils sont unis par la conjonction *ou*, l'adjectif s'accorde avec le dernier : *Votre arrivée m'a procuré un plaisir, une joie étonnante ; cette affaire demande un mérite ou une prudence consommée.*

Cela vient de ce qu'il n'y a pas addition d'une idée à une autre idée, dans le premier cas les deux substantifs ayant à-peu-près le même sens ; dans le second, la personne qui parle présentant une des idées à l'exclusion de l'autre.

291. Les quatre adjectifs *nu*, *demi*, *excepté*, *supposé*, restent invariables quand ils précédent le substantif : *nu-tête*, *excepté vos frères.* Ceux qui parlent les font accorder avec le mot *cela* sous-entendu *cela nu*, *savoir la tête ; cela excepté*, *savoir vos frères*. On pourrait dire encore que ces mots ainsi construits sont considérés comme des prépositions. (Voyez la note à la fin de l'ouvrage).

292. *Demi*, quand il doit varier, s'accorde toujours en genre avec un nom sous entendu : *Il est sept heures et (une heure) demie* ; et ne se met au pluriel que quand il est employé substantivement : *Cette horloge sonne les demies.*

293. On dit aussi : *Feu votre tante, et votre feue tante doit vous avoir laissé de la fortune.*

Dans le premier cas, l'adjectif *feu* est employé comme les adjectifs *nu, demi, excepté, supposé.*

Dans le second se trouvant entre l'adjectif possessif et le substantif, il en prend le genre et le nombre, parce qu'alors il ne peut être censé s'accorder avec le mot *cela* sous-entendu : *Votre (cela) feu tante* n'aurait pas de sens ; ni être considéré comme une préposition, la préposition devant toujours précéder son complément et ses dépendances, tandis qu'ici l'adjectif *votre* dépendant du mot *tante* est placé avant *feu*.

Ces livres coûtent cher.

294. Quelquefois l'adjectif prend la valeur d'un adverbe pour modifier une autre idée ; alors il est toujours invariable : *Ces livres coûtent cher.*

Nous étudions la langue grecque et la latine.

295. Comme ce sont les substances qui supportent les modifications, et non les modifications qui supportent les substances, le substantif ne doit point recevoir la loi de l'adjectif. Conséquemment il ne faut point dire : *Nous étudions les langues grecque et latine*, exemple où le mot *langues* serait au pluriel à cause des deux adjectifs qui s'y trouvent. Or, nous avons vu que l'adjectif n'a par lui-même ni genre ni nombre ; cette proposition doit être remplacée par celle-ci : *Nous étudions la langue grecque et la latine* ; un

des deux adjectifs s'accorde avec un substantif sous-entendu : *La langue grecque et la (langue) latine.*

Les vrais sages jouissent de l'estime de tout le monde.

296. Lorsque deux adjectifs sont joints ensemble, l'un des deux est considéré comme un substantif qualifié par l'autre : *Les vrais sages jouissent de l'estime de tout le monde.*

297. Il en est de même quand ils sont employés pour modifier un substantif : mais dans ce cas ils restent tous les deux invariables : *J'aime bien les cheveux chatain-clair* ; c'est comme s'il y avait : *d'un chatain-clair.*

Il est honteux de mentir.

298. L'adjectif peut qualifier aussi un infinitif pris substantivement : *Il est honteux de mentir*, mis pour *mentir est honteux. Il* et *de* sont de reste, et ne s'emploient que pour favoriser un tour particulier à notre langue.

Emploi de l'Adjectif avant ou après le Substantif.

299. La langue française met ordinairement l'adjectif après le substantif : cependant elle dit *grand arbre, bel habit*, etc.

Il est même des cas où l'adjectif placé avant ou après le substantif exprime une idée différente, ainsi :

Un honnête homme désigne *un homme qui a de la probité.*

Un homme honnête signifie *un homme poli.*

Un pauvre homme est *un homme sans capacité* ou *sans délicatesse.*

Un homme pauvre désigne *un homme sans fortune.*

Un grand homme est *un homme de mérite.*

Un homme grand est *un homme de belle taille.*

Un brave homme signifie *un homme qui a de la bonhomie* ou *de la probité.*

Un homme brave est *un homme qui a du courage*, etc,

Des Adjectifs déterminatifs.

300. Les adjectifs déterminatifs, comme nous l'avons dit, sont ceux qui modifient les idées dans leur extension.

Ma maison a coûté vingt-cinq mille francs.

301. Quand on veut restreindre une idée à l'individualité, on emploie au singulier un des adjectifs *mon*, *ma*, *ton*, *ta*, *son*, *sa*, *ce*, *cet*, *cette*, *notre*, *votre* : *Ma maison a coûté vingt-cinq*

mille francs ; cet homme est savant ; notre ferme n'est pas bien loin de la ville.

Au moyen des adjectifs déterminatifs *ma*, *cet*, *notre*, les mots *maison*, *homme*, *ferme* ne désignent plus que la *maison qui m'appartient*, *l'homme que je montre et la ferme qui est à nous.*

Tout homme est mortel.

302. Si l'on veut restreindre une idée à l'individualité d'une manière distributive, c'est-à-dire, que l'idée exprimée par l'attribut convienne à chaque individu pris séparément, on se sert des adjectifs *nul*, *aucun*, *tout*, *chaque* ; mais l'individualité n'est qu'apparente, parce que le substantif, dans certains cas, s'applique à tout le genre, dans d'autres, à un certain nombre d'individus : *Tout homme est mortel*, c'est-à-dire, *tous les hommes sont mortels*: en parlant des élèves d'une classe : *Chaque écolier aime son maître*, c'est-à-dire, *tous les écoliers de cette classe aiment leur maître.*

Il est venu à cette fête vingt-cinq mille étrangers.

303. Quand on veut restreindre l'idée générale à un nombre déterminé d'individus, on emploie les adjectifs numéraux cardinaux : *Il est venu à cette fête vingt-cinq mille étrangers ; il y avait quatre cent dix-huit voitures, et six cents chevaux de selle.*

Les substantifs *étrangers, voitures et chevaux* sont présentés d'une manière déterminée.

Nous vîmes quelques personnes qui se promenaient sur le bord de la mer.

304. S'il s'agit de restreindre l'idée à un nombre indéterminé d'individus, on emploie les adjectifs *quelques*, *plusieurs*, etc. *Nous vîmes quelques personnes qui se promenaient sur le bord de la mer.*

Le nombre des personnes n'est pas déterminé.

Observations particulières sur les Adjectifs déterminatifs.

305. Les adjectifs déterminatifs s'accordent en genre et en nombre avec les substantifs auxquels ils se rapportent.

306. Les adjectifs numéraux cardinaux font exception à cette règle.

307. Cependant *vingt* et *cent* multipliés prennent une *s* : *quatre-vingts arbres*, *quatre cents hommes*.

L'oreille qui a supporté *vingt arbres*, *cent hommes*, n'a pu s'habituer à *quatre-vingt arbres*, *quatre cent hommes*. La preuve en est que ces mots ne prennent plus une *s* quand ils sont eux-mêmes suivis d'un nombre : *Quatre-vingt-dix arbres; quatre cent vingt-cinq hommes.* (1)

308. *Vingt* et *cent* quoique multipliés et non suivis d'un autre nombre restent encore invariables quand ils signifient *vingtième*, *centième* : *Mon oncle est né en l'an mil sept cent quatre-vingt; Charlemagne fut élu empereur en l'an huit cent;* alors ils équivalent à un adjectif, *quatre-vingtième*, *huit centième*, et à ce titre ils s'accordent avec le substantif *an* exprimé ou sous-entendu.

309. Quand on compte les années on écrit *mil* au lieu de *mille* ; c'est une bizarrerie : à part ce cas, on met toujours *mille* qui reste invariable: *cinq mille francs*, c'est-à-dire, *cinq fois mille francs;* à moins que *mille* ne signifie *mille pas*, mesure itinéraire en usage dans quelques pays ; alors il est substantif commun et peut prendre la marque du pluriel; dans ce cas on dit *trois milles* comme on dit *trois lieues*, parce que le nombre modifie le mot *mille* et non le mot *fois* sous-entendu.

310. *Quelque* ne varie qu'autant qu'il est adjectif : *Quelques talents que vous ayez vous ne devez pas vous énorgueillir.*

311. Il est adverbe et reste invariable toutes

(1) Après avoir dit : *quatre-vingts arbres*, *quatre cents hommes* par raison de prononciation, on a étendu l'exception, et l'on a dit : *quatre-vingts chevaux*, *cinq cents voitures.*

Quatre-vingts est pour *quatre fois vingt*, *cinq cents* pour *cinq fois cent.*

les fois qu'il se trouve placé devant un modificatif : *Quelque savant que vous soyez, vous trouverez un plus savant que vous ;* à moins que le modificatif ne soit un adjectif suivi immédiatement d'un substantif : *Quelques grandes richesses que vous ayez, ne soyez point orgueilleux.*

Les mots *grandes richesses* sont considérés comme un seul substantif qualifié par *quelques.*

312. *Aucun* et *nul* présentent les objets pris distributivement, c'est-à-dire *un à un*, ou *groupe par groupe*, et ne prennent point la marque du pluriel, excepté quand ils re rapportent à un substantif qui n'a pas de singulier, ou qui a au singulier une signification différente de celle qu'il a au pluriel.

Dans ce cas ils ne prennent pas la marque du pluriel parce qu'ils excluent, et que la pluralité ne peut pas se trouver là où l'unité n'est pas admise.

313. L'adjectif *tout* présente aussi les objets distributivement, et varie parce qu'il exprime l'idée inverse de *aucun* et *nul* : *Tout homme est mortel* équivaut à : *tous les hommes sont mortels.*

314. On l'emploie quelquefois adverbialement et alors il reste invariable ; c'est lorsqu'il modifie un modificatif : *Tout instruits qu'ils sont, ils ignorent cependant bien des choses* ; à moins que le mot suivant ne soit féminin et ne commence par une *consonne* ou une *h* aspirée : *Votre sœur est toute spirituelle ; toute hardie qu'elle*

est, elle n'osera pas vous faire cette demande. C'est l'oreille qui l'exige.

315. *Tout*, suivi de l'adjectif *autre* et d'un substantif, est adjectif ou adverbe :

316. Si l'on peut placer *autre* après le substantif, *tout* est adjectif : *J'aimerais mieux toute autre chose que l'avantage dont vous me parlez;* on peut dire : *J'aimerais mieux toute chose autre que*, etc.

Toute autre chose signifie *une autre chose que cela, ou quelqu'autre chose que ce soit*.

317. Il est adverbe lorsqu'il signifie *tout-à-fait, entièrement*, et alors il est précédé de l'adjectif *une* : *J'aimerais mieux une tout autre chose*, c'est-à-dire, *une chose tout-à-fait autre*, et alors on ne peut mettre *autre* après le substantif : *Une toute chose autre*.

318. *Tout* est encore adverbe lorsqu'il est placé devant un substantif pris dans un sens indéterminé, parce qu'alors il signifie aussi *tout-à-fait*, *entièrement* : *Cette personne est tout en colère; les Français sont tout feu*.

319. *Chaque* s'emploie avec le même sens que *tout* adjectif ; cependant il ne varie pas, et veut être toujours suivi immédiatement du substantif auquel il se rapporte : *Chaque arbre me coûte cinq francs*.

On dirait au contraire : *Ces arbres me coûtent cinq francs chacun*. C'est que *chacun* étant pronom a une existence par lui-même, celle du substantif qu'il représente, tandis que l'adjectif *chaque* a besoin d'un support parce que les qualités ne peuvent exister physiquement sans leurs substances.

320. Il faut éviter une espèce de pléonasme qui a lieu par l'emploi inutile des adjectifs possessifs : ainsi l'on ne dit pas : *J'ai mal à mon doigt* ; *Pierre a une douleur à son pied*, *à son bras*, etc. ; c'est que le pronom *je* et le substantif *Pierre*, placés en tête de la proposition, ne laissant pas d'équivoque sur les individus qui ont le mal et la douleur, les adjectifs possessifs sont de reste.

321. On ne dit pas non plus ; *J'ai vu votre maison, et j'ai admiré sa beauté*, parce que avec un objet inanimé on ne met l'adjectif possessif que quand cet objet est sujet de la phrase : *Ma maison a ses beautés ;* ou que l'adjectif est précédé d'une préposition : *J'ai admiré la beauté de votre maison ;* il faut donc dire : *J'ai vu votre maison et j'en ai admiré la beauté.*

C'est une bizarrerie de notre langue : le latin et le grec ne font dans ce cas aucune différence ; l'adjectif possessif n'y est pas plus admis pour les noms de personnes que pour les noms de choses.

Syntaxe du Verbe.

J'écoute.

322. Tout verbe, quand il n'est pas à l'infinitif, s'accorde avec son sujet en nombre et en personne : *J'écoute*, *vous enseignez*, *il lit.*

Pierre et Paul jouent.

323. Quand un verbe a deux ou plusieurs sujets singuliers, on le met au pluriel : *Pierre et Paul jouent ; boire, manger et dormir sont le partage de la brute.*

C'est que le verbe doit répondre par le pluriel à la pluralité du sujet.

324. Il faut pourtant excepter de cette règle : 1° les sujets synonymes, c'est-à-dire, ayant à peu près la même signification : *Son courage, sa valeur est extraordinaire* ;

2° Les sujets unis par la conjonction *ou* : *Son mérite ou sa prudence est étonnante* ;

3° Les sujets placés par gradation en plus ou en moins : *Travaillez, mon ami, le maître, votre père l'exige.*

Dans le premier cas, il n'y a pas addition puisque les mots ont à peu près le même sens ;

Dans le second, on appelle l'attention sur un seul objet à l'exclusion de l'autre ou des autres ;

Dans le troisième, le dernier substantif ayant plus ou moins de signification que celui ou ceux qui le précèdent, domine tout le reste et c'est avec lui que le verbe s'accorde.

Vous et moi nous nous portons bien.

325. Si les sujets d'un même verbe sont l'un de la première, l'autre de la seconde personne, le verbe se met à la première ; s'ils sont, l'un de la seconde, et l'autre de la troisième, le verbe se met à la seconde : *Vous et moi nous nous portons bien ; vous et votre frère vous causez.*

C'est comme s'il y avait : *Vous vous portez bien, je me porte bien, nous nous portons bien tous les deux ; vous causez, votre frère cause, vous causez tous deux ou tous les deux,* suivant que les individus causent ensemble ou séparément.

La plupart des écoliers pensent que votre fils aura le prix.

326. Quelquefois lorsque le sujet est un collectif, le verbe se met au pluriel : *La plupart des écoliers pensent que votre fils aura le prix.*

L'esprit considère non point le sujet *la plupart*, mais *les écoliers* qui le composent, et c'est avec ce dernier mot qu'il fait accorder le verbe.

327. Lorsque le collectif embrasse tous les individus dont il s'agit, le verbe s'accorde avec lui : *La totalité des écoliers pense que votre fils aura le prix.*

Cela vient de ce que l'attention se porte, non point sur les écoliers comme unités distinctes formant une collection, mais sur la collection toute faite, et considérée dans ce cas comme une seule unité.

Complément des Verbes.

328. Les idées de qualités qui entrent dans les

verbes attributifs ont souvent besoin d'être complétées ; on emploie dans ce cas ce que nous avons appelé *complément logique*.

Dieu est saint.

329. Le verbe *être*, dont toute la fonction, comme nous l'avons dit, est de marquer la coexistence de l'attribut et du sujet, n'est jamais complété si ce n'est par des idées d'époque ou de durée. L'adjectif qui le suit subit les mêmes modifications que le substantif auquel il se rapporte : *Dieu est saint ; les enfants sont légers ; la robe de votre cousine est blanche.*

330. Quelquefois l'attribut est sous-entendu après le verbe *être* ; c'est en vertu d'une ellipse : *Il est d'un roi de défendre ses sujets* est pour : *défendre ses sujets est le devoir d'un roi.*

J'aime Dieu.

331. L'idée qui complète d'une manière directe l'attribut compris dans un verbe actif, se joint à cet attribut sans intermédiaire: *J'aime Dieu; j'imite mon père ; la musique me fait plaisir.*

Cet écolier nuit à ses condisciples.

332. L'idée qui complète l'attribut compris dans un verbe neutre, non pronominal, se joint à cet attribut au moyen d'une préposition : *Cet écolier nuit à ses condisciples ; votre père regorge*

de biens ; il ne manque de rien : nous jouissons de la liberté.

Je donne un habit au pauvre.

333. Quelquefois le complément direct ne suffit pas pour exprimer toute l'idée que l'on a en vue ; alors on ajoute un autre complément qui, comme dans la règle précédente, se joint à l'attribut d'une manière indirecte, c'est-à-dire, au moyen d'une préposition : *Je donne un habit au pauvre ; j'ai reçu une lettre de mon père ; nous féliciterons votre frère de ses succès ; ce chemin conduit les hommes à la vertu ; j'enseigne la grammaire aux enfants ; je vous écris une lettre.*

Les ennemis attaquèrent la ville et s'en emparèrent.

334. Quand on veut compléter l'idée exprimée par l'attribut de deux verbes différents, dont l'un demande un complément direct et l'autre, un complément indirect, il faut avoir soin de donner à chaque attribut le complément qu'il exige : *Les ennemis attaquèrent la ville et s'en emparèrent,* et non pas : *les ennemis attaquèrent et s'emparèrent de la ville.*

Je suis aimé de Dieu.

335. L'idée qui complète l'attribut d'un verbe passif, se joint à cet attribut au moyen des prépositions *de* ou *par :* on met *de* quand l'attribut

exprime un sentiment du cœur, et *par* quand il s'agit d'une opération qui est le produit du corps ou de l'intelligence ; *Je suis aimé de Dieu* : *ce meuble a été fait par un ouvrier habile*.

Pour éviter une répétition, on dit : *Votre conduite a été approuvée d'une commune voix par toutes les personnes sages et éclairées*; *par* est mis pour *de*.

Il aime à jouer.

336. Quelquefois l'attribut d'un verbe actif est complété par un autre verbe, qui remplit alors le rôle d'un substantif et figure comme complément à la manière des noms, ainsi que nous avons vu un infinitif servir de sujet à une proposition. L'idée de l'attribut est complétée dans ce cas avec ou sans préposition suivant l'usage et le génie de chaque langue : *Il aime à jouer* : *je veux jouer*.

J'aime Dieu et mes parents.

337. Deux ou plusieurs compléments directs modifiant l'attribut d'un verbe, doivent être unis par la conjonction *et*, ou énumérés par une virgule: *J'aime Dieu et mes parents*; *on récompensera les enfants sages, dociles et studieux*.

La raison en est qu'on ajoute une idée à une idée semblable, et que la conjonction *et* est nécessaire pour marquer cette addition : *J'aime Dieu et j'aime mes parents*.

Dans le second exemple la virgule est employée pour épargner la répétition désagréable de le conjonction *et* : *On récompensera les enfants sages et dociles et studieux.*

338. Il suit de cette règle que l'on ne doit pas dire : *Ne vous informez pas ce que je ferai.*

Cette construction serait régulière si la phrase était équivalente à celle-ci : *N'informez pas vous ni* (et non) *ce que je ferai*, qui n'a pas de sens. *Vous* et *ce*, représentant des objets de nature différente, ne peuvent pas être unis par la conjonctien *et* ni énumérés par la virgule, ce qui est la même chose. Dans le discours, comme dans les opérations d'arithmétique, on ne peut unir que des idées de même nature. *Vous* est complément direct, et *ce*, complément indirect; et commele complément indirect doit dans ce cas, en français, être précédé d'une préposition, il faut dire: *Ne vous informez pas de ce que je ferai.*

339. Par la même raison on ne met pas deux compléments indirects sans la conjonction *et* ou sans virgule. Il ne faut donc pas dire : *C'est à vous à qui je m'adresse ; c'est de vous dont il s'agit; c'est à la ville où je vais.* Comme on n'ajoute pas une idée à une idée, on ne pourrait pas dire : *C'est à vous et à qui je m'adresse; c'est de vous et dont il s'agit ; c'est à la ville et où je vais;* alors *à vous, dont et où* doivent se remplacer par la conjonction *que* qui unira les deux propositions: *C'est à vous que je m'adresse ; c'est de vous qu'il s'agit; c'est à la ville que je vais*, propositions équivalentes à celles-ci : *Je m'adresse à vous ; il s'agit de vous ; je vais à la ville.*

Comme on s'adresse à une seule personne ou à un seul groupe de personnes ; comme il s'agit d'une seule personne ou d'un seul groupe de personnes ; comme on va à une seule ville, il est évident qu'il ne faut qu'un complément indirect.

340. En vertu de la même raison il faut dire: *C'est ici que je demeure* ; *c'est là que je vais* ; et non : *c'est ici où je demeure* ; *c'est là où je vais* ; phrases qui demanderaient la conjonction, et équivaudraient à ces locutions ridicules : *je demeure ici et où*, *je vais là et où.*

341. Puisqu'il n'est pas possible d'additionner ensemble des idées de nature différente, on ne peut pas dire : *il aime le jeu et à étudier. Jeu* exprimant une idée de substance, et *étudier*, une idée d'attribut (*étudiant*), jointe à celle d'existence (*être*) : on ne peut ajouter ces deux mots l'un à l'autre, parce que les idées ne sont pas de même nature. Cette proposition équivaut à ces deux-ci : *Il aime le jeu*, et *il aime à étudier*, et la conjonction *et* ne peut pas unir un verbe actif complété par une idée d'attribut jointe à celle d'existence, (*étudier*, *être étudiant*), à un verbe actif complété par une idée de substance, (*jeu*). Il faut dire : *Il aime le jeu et l'étude* ou *il aime à jouer é à étudier.*

342. On ne dit pas non plus : *Il prend la parole et parla*, l'addition ne pouvant avoir lieu entre un présent et un passé.

Syntaxe des temps de l'Indicatif.

On m'a dit que vous faites un ouvrage.

343. Le présent de l'indicatif s'emploie pour exprimer un état qui a lieu au moment de la parole : *On m'a dit que vous faites un ouvrage*: *que vous faisiez* exprimerait une autre époque.

344. Les sentences, qui sont applicables à tous les instants de la durée, exigent aussi le présent: *On vous a prouvé que l'expérience vaut mieux que la science.*

C'est que la chose étant toujours vraie, l'est au moment de la parole; et comme ce moment est un présent, il faut mettre le présent.

Je dînais quand votre frère vint me voir.

345. L'imparfait s'emploie lorsqu'on veut marquer qu'un état avait lieu quand un autre commença à avoir lieu : *Je dînais quand votre frère vint me voir.*

Je travaillais lorsque vous vous promeniez.

346. Si les deux états avaient lieu en même temps, la simultanéité serait exprimée par deux imparfaits : *Je travaillais lorsque vous vous promeniez.*

J'ai vu votre cousin l'an dernier, le mois passé, ou bien, *cette année, cette semaine.*

347. S'il s'agit d'une époque entièrement passée, ou dans laquelle on est encore, on peut se servir du passé indéfini : *J'ai vu votre cousin, l'an dernier, le mois passé*, ou bien, *cette année, cette semaine.*

Le passé défini ne peut s'employer, au contraire, que pour un temps entièrement passé et éloigné au moins d'un jour du moment de la parole : *Je vis votre cousin l'an dernier, le mois passé, la semaine dernière.*

J'ai appris que vous avez fait un voyage.

348. Lorsque l'époque dont on parle, exprime simplement un passé, sans être mise en rapport avec un autre temps passé, on doit se servir du passé indéfini : *J'ai appris que vous avez fait un voyage*, et non pas *que vous aviez fait.*

J'avais dîné quand vous vîntes me voir.

349. Lorsque deux passés sont mis en regard, et que l'un des deux exprime une époque entièrement passée relativement à l'autre, il faut l'exprimer par le plus-que-parfait : *J'avais dîné quand vous vîntes me voir.*

Je travaillerai lorsque j'aurai pris ma récréation.

350. Lorsqu'on veut exprimer un état postérieur au temps présent, ou à un temps futur, on

emploie le futur simple : *Je travaillerai ce soir, demain, l'an prochain, lorsque j'aurai pris ma recréation.*

351. Le futur passé sert à exprimer un état futur relativement au moment présent, et passé relativement à un autre temps : *J'aurai travaillé quand vous viendrez me voir.*

Syntaxe des temps du Conditionnel.

Je jouerais si j'avais fini mon devoir.

352. Lorsqu'on veut exprimer qu'un état aurait lieu en même temps qu'un autre, dans le cas où certaines conditions seraient remplies, on emploie le conditionnel présent : *Je jouerais si j'avais fini mon devoir.*

353. Si l'on veut exprimer qu'un état aurait eu lieu après un autre état soumis à certaines conditions, on se sert du conditionnel passé : *J'aurais travaillé si je n'avais pas eu mal au doigt.*

Syntaxe du Subjonctif.

354. Le subjonctif est le mode de l'indétermination, du doute ; on l'emploie dans toute proposition qui complétant l'attribut d'une proposition principale, laisse d'une manière ou d'autre quelque doute dans l'esprit : *Croyez-vous que Paul ait fait son devoir?*

Le doute ou la certitude est toujours facile à reconnaître. Dans cette phrase que l'on vient de voir, la personne qui adresse la question, ignore si Paul a fait son devoir.

Si, au contraire, elle était certaine que Paul n'a pas fait son devoir, et qu'elle voulût simplement désabuser celui à qui elle parle, de l'erreur où il pourrait être à ce sujet, l'indicatif remplacerait le subjonctif : *Croyez-vous que Paul a fait son devoir?*

Le subjonctif et l'indicatif n'ont pas d'autre cause; les conjonctions n'y sont pour rien. L'emploi de ces modes au contraire dépend de l'idée positive ou dubitative avec laquelle celui qui parle veut exprimer sa pensée.

Syntaxe des temps du Subjonctif.

Je ne pense pas que votre frère vienne.

Je ne pensais pas qu'il vînt.

355. Le temps du verbe de la proposition principale détermine toujours le temps du subjonctif qu'il faut employer dans la seconde proposition : *Je ne pense pas que votre frère vienne; je ne pensais pas qu'il vînt.*

Je doute, je douterai que vous soyez sage aujourd'hui, demain.

356. Si l'on veut exprimer l'idée d'un présent

ou d'un futur, on se sert du présent du subjonctif après le présent ou le futur de l'indicatif : *Je doute, je douterai que vous soyez sage aujourd'hui, demain.*

357. Si la seconde proposition était modifiée par une condition, il faudrait mettre l'imparfait au lieu du présent : *Je doute, je douterai que vous fussiez sage aujourd'hui, demain, si l'on vous promettait une récompense.*

Je doute, je douterai que vous ayez été sage hier.

358. Si l'on veut exprimer l'idée d'un passé, on met le parfait du subjonctif après le présent ou le futur de l'indicatif : *Je doute, je douterai que vous ayez été sage hier.*

359. Si la seconde proposition était modifiée par une condition, il faudrait mettre le plus-que-parfait au lieu du parfait : *Je doute, je douterai que vous eussiez été sage hier si l'on vous eût promis une récompense.*

Je doutais, etc., que vous fussiez sage aujourd'hui, demain.

360. Quand on veut exprimer l'idée d'un présent ou d'un futur, on emploie l'imparfait du subjonctif après l'imparfait, les passés, le plus-que-parfait et les conditionnels : *Je doutais, je doutai, j'ai douté, j'avais douté, je douterais,*

j'aurais douté que vous fussiez sage aujourd'hui, demain.

361. On doit mettre le présent du subjonctif au lieu de l'imparfait, quand l'idée exprimée par le verbe de la seconde proposition coexiste avec le moment de la parole : *Je vous ai dit que la vertu est aimable.*

La vertu étant aimable dans tous les temps, l'est au moment de la parole, lequel doit se rendre par le présent.

Je doutais que vous eussiez été sage ces jours passés.

362. Quand on veut exprimer l'idée d'un passé, on se sert du plus-que-parfait après l'imparfait, les passés, le plus-que-parfait et les conditionnels : *Je doutais, je doutai, j'ai douté, j'avais douté, je douterais, j'aurais douté que vous eussiez été sage ces jours passés.*

Syntaxe de l'infinitif.

Lire est utile.

363. L'infinitif, ainsi que je l'ai dit, peut figurer comme sujet d'une proposition : *Lire est utile.*

Il est utile de lire.

364. Il est encore sujet dans des cas où sa fonction paraît être de compléter l'idée exprimée par un autre mot : *Il est utile de lire* est absolument la même chose que *lire est utile.*

Le pronom *il* n'est le représentant de rien; il

est employé pour favoriser un tour propre à notre langue, et la préposition *de* est explétive ou de reste.

Lire et étudier sont utiles.

365. De même qu'une proposition peut avoir pour sujet deux ou plusieurs substantifs, de même elle peut avoir pour sujet deux ou plusieurs infinitifs : *Lire et étudier sont utiles.*

366. Quelquefois le verbe se trouve au singulier en vertu d'une ellipse : *boire*, *manger et dormir*, *c'est le partage de la brute.*

On sous-entend le verbe que demanderaient les infinitifs, et celui qui est exprimé s'accorde avec le pronom *ce.*

Je veux étudier.

367. L'infinitif, pris substantivement, peut, ainsi que nous l'avons vu, figurer comme complément direct de l'attribut d'un verbe actif : *Je veux étudier.*

C'est pour que nous donnions que le Seigneur nous donne.

368. L'infinitif figurant comme complément, doit être remplacé par un autre mode, toutes les fois qu'il donne lieu à une équivoque : *C'est pour que nous donnions*, et non *pour donner*, *que le Seigneur nous donne*, où l'infinitif *donner*, par la manière dont il serait construit, semblerait faire entendre que le Seigneur nous donne pour le seul plaisir de donner.

Syntaxe des Participes.

Du Participe présent.

369. Les verbes attributifs n'étant pas autre chose que le verbe *être* combinés avec différents attributs, il s'en suit que le participe présent est généralement variable et se conforme exactement aux modifications que subissent les adjectifs. Le français présente sous ce rapport une bizarrerie plus apparente que réelle. Toutes les langues sont soumises à certains principes généraux qui constituent ce qu'on appelle la grammaire générale; mais chaque langue ensuite a certaines règles ou certains tours particuliers qu'on ne trouve pas dans les autres. Ainsi, en français, le participe présent est toujours invariable. Cela vient de ce que nous avons besoin de le distinguer de plusieurs adjectifs verbaux qui, des deux qualités de verbe et d'adjectif propres aux participes; n'ont conservé que celle d'adjectif et ne peuvent point s'employer avec un complément direct. Le participe présent exprime, en général, une action actuelle relativement à l'époque avec laquelle il est mis en rapport, et l'adjectif verbal, une qualité permanente; alors, pour ne pas confondre l'idée d'action propre à l'un, avec l'idée d'état particulière à l'autre, la langue française emploie toujours le participe présent d'une manière invariable.

Vos oncles sont des hommes d'un bon caractère, obligeant leurs amis, quand l'occasion s'en présente.

370. Le participe présent s'emploie pour compléter l'idée du substantif auquel il se rapporte, mais en marquant un rapport momentané au temps, et peut se construire avec un complément direct, parce qu'il est tout à la fois verbe et adjectif : *Vos oncles sont des hommes d'un bon caractère, obligeant leurs amis quand l'occasion s'en présente.*

Vos oncles sont des hommes prévoyants qui jugent bien les affaires.

371. L'adjectif verbal s'emploie aussi pour compléter l'idée du substantif auquel il est joint, mais en se bornant à exprimer une qualité, abstraction faite de l'idée d'un rapport déterminé au temps, comprise dans le participe. Ainsi il ne peut pas plus avoir un complément direct que les autres adjectifs dont il subit toutes les modifications : *Vos oncles sont des hommes prévoyants qui jugent bien les affaires.*

Du Participe passé.

372. Le participe passé, en général, ayant, comme notre adjectif verbal, laissé la qualité de verbe pour ne conserver que celle d'adjectif, s'accorde, ainsi que l'adjectif, avec le substantif dont il modifie l'idée.

373. La langue française s'est encore écartée ici du principe général. Elle a deux sortes de participes passés, le participe passé actif et le participe passé passif. Le premier est toujours invariable et peut se remplacer par le participe présent : *J'ai étudié ma leçon* équivaut à : *j'ai été étudiant ma leçon;* le second varie toujours à la manière des adjectifs : *Les troupes ennemies ont été vaincues.*

374. Cette distinction d'un participe passé actif et d'un participe passé passif, provient de ce que notre langue n'a pas, comme d'autres, des formes particulières pour exprimer certains temps de la voix active. Ainsi nous sommes obligés de dire, par exemple, en empruntant des formes de nos verbes auxiliaires : *J'ai aimé*, *j'avais aimé*, *j'aurai aimé*, etc. Il a donc fallu trouver un moyen de distinguer le cas où le participe passé est appliqué à un objet agissant, de celui où il se rapporte à un sujet passif. Ce moyen on l'a trouvé en considérant le participe passé sous deux points de vue différents.

Du Participe passé actif.

Pierre a récité (1) *sa leçon.*

375. Le participe passé actif pouvant se rem-

(1) Voici comment on explique l'invariabilité du participe dans ce cas :

On lit pag. 189 et 190 *des Essais de grammaire de d'Olivet :*

« Les écrivains français ont établi cette règle pour leur

placer par le participe présent, est comme l[...]
invariable, parce que comme lui il doit être di[...]

seule commodité, et voici pourquoi : on commence un phrase, ne sachant pas bien quel substantif viendra ensuite il est donc plus commode pour ne pas s'enferrer, par trop de précipitation, de laisser indéclinable un participe dont le substantif n'est point énoncé et peut-être n'est point prévu ».

« En effet (dit M. Bescher, pag. 116 de son *Traité des participes*), il est mille circonstances où nous commençons une phrase sans que nos idées soient arrêtées. Dans ce cas, nous employons des mots dont la signification, en quelque sorte banale, peut s'adapter à toute espèce de discours, et tandis que nous prononçons ces mots, nos idées se fixent et la phrase s'achève ».

Je suis loin de partager l'avis de ces Auteurs, et voici pourquoi :

1° Je ne crois pas qu'il arrive à personne de commencer une phrase sans avoir toutes prêtes les idées qui doivent y figurer. Une phrase, quel que soit le nombre des propositions qui la composent, est l'expression d'un ou de plusieurs jugements formés dans l'intelligence avant le commencement de l'énonciation. Elle présente un tout inséparable dans la pensée et que les langues, en leur qualité de *méthodes analytiques*, comme les appelle Condillac, décomposent plus ou moins suivant le génie qui leur est particulier. Dans cette phrase citée plus haut : *Si nous encourageons les écoliers qui se montrent studieux, nous donnerons peut-être l'amour du travail à ceux qui s'acquittent négligemment de leurs devoirs*, toutes les idées sont arrêtées avant que l'on écrive ou que l'on prononce la conjonction *si* qui en est le premier mot. C'est une nécessité de l'idéologie, et c'est bien mal connaître les opérations intellectuelles et leur rapport avec la parole, tingué d'une autre forme purement adjective : *Pierre a récité sa leçon*.

376. Le participe n'étant pas adjectif ne peut pas varier : *a recité* signifie *a été recitant* et non *a été recité*. Quand le participe est actif, le complément direct est toujours placé après le verbe : *Pierre a recité, quoi? sa leçon*.

Le participe passé passif au contraire est toujours placé après le complément, parce que dans

que de donner à l'invariabilité du participe une raison semblable à celle de ces Grammairiens ;

2o Supposé même qu'il nous arrivât de commencer une phrase sans que nos idées fussent arrêtées, serait-ce un motif pour laisser invariable un mot que ces Auteurs considèrent comme adjectif? Dans ce cas, pourquoi ne pas en faire autant pour tous les adjectifs qui sont placés avant leurs substantifs. Si quand je dis à quelqu'un : *J'ai reçu votre lettre*, j'ai dû prononcer ou écrire *j'ai reçu* sans savoir ce que je mettrais après, pourquoi n'en serait-il pas de même pour le mot *honnêtes*, quand je dis *les honnêtes gens sont estimés?* Mais la chose n'est pas plus possible dans un cas que dans l'autre. *J'ai reçu*, tout court, n'est pas intelligible ; notre esprit ne peut émettre que des idées qu'il a élaborées ; les idées s'élaborent en se déterminant. Tout jugement est formé avant que l'énonciation commence. S'il en était autrement, nos discours ne présenteraient que des idées incohérentes.

On dit : *J'ai reçu votre lettre, et la lettre que j'ai reçue m'a fait plaisir*, parce que le premier participe appartient à la voix active, et le second, à la voix passive ; l'un marque l'action comme le participe présent, et l'autre, l'état comme l'adjectif verbal.

ce cas le participe complète l'idée exprimée par le complément, et ce n'est point le complément qui complète l'idée exprimée par le participe. On va s'en convaincre.

Du Participe passé passif.

377. Le participe passé passif ayant laissé de côté la qualité de verbe, pour ne conserver que celle d'adjectif, s'accorde, comme l'adjectif, avec le substantif dont il qualifie ou complète l'idée.

378. Le participe passé passif figure comme complément essentiel ou simplement comme attribut, et dans les deux cas la règle est toujours la même.

Recherchez les livres estimés.

Où sont tes livres? Je les ai laissés à la maison.

La leçon que Pierre a recitée, n'a pas satisfait le maître.

379. Il figure comme complément essentiel lorsqu'il est partie intégrante de l'idée qu'il complète, et alors il est placé immédiatement après le substantif auquel il se rapporte : *Recherchez les livres estimés*; ou il en est séparé par le verbe *avoir : Où sont tes livres? Je les ai laissés à la maison*, qui est pour : *j'ai eux laissés à la maison;* ou bien il se trouve dans une proposition inci-

dente déterminant ce substantif : *la leçon* (*que Pierre a récitée*), qui revient à ceci : *La leçon récitée par Pierre, n'a pas satisfait le maître.*

Les participes *estimés, laissés, recitée*, ne marquant que l'état, sont adjectifs et s'accordent (1).

(1) L'observation suivante prouvera qu'il est nécessaire de distinguer un participe passé actif et un participe passé passif.

Quand le participe se trouve dans une proposition incidente déterminant le substantif, comme dans le dernier exemple, il est à remarquer que cette proposition ne forme jamais un sens complet : *la leçon que Pierre a récitée.* Cela vient de ce que la proposition, *que Pierre a récitée*, est absolument équivalente à un adjectif figurant comme complément essentiel, *les enfants studieux, la leçon recitée par Pierre.* Jusques-là le jugement n'est que commencé ; on n'en connaît encore que le sujet. Les mots *la leçon que Pierre a recitée* sont le sujet complexe d'une proposition dont le verbe et l'attribut sont *n'a pas satisfait le maître.*

Il est encore à remarquer que toute proposition contenant un participe passé passif, ne présente jamais un sens parfait. Ainsi les mots *je les ai laissés à la maison*, pour être intelligibles, ont besoin de la proposition précédente *où sont les livres ?*

C'est que le participe passé passif, lorsqu'il n'est pas employé absolument à la manière d'un adjectif ainsi que dans le premier exemple *recherchez les livres estimés*, fait toujours partie d'un jugement qui ne peut être complet, ou quant aux parties constitutives, ou quant au sens, sans une autre proposition. Au contraire, le participe passé actif se trouve toujours dans une proposition dont le sens est complet : *Pierre a recité sa leçon.* Dans ce cas, comme je l'ai dit, l'idée du participe est complétée par le substantif qui le suit, tandis que dans les autres c'est le participe qui, en se

Les enfants sages sont estimés.

380. Le participe passé passif figure comme attribut, lorsque l'idée qu'il exprime est appliquée au sujet par l'intermédiaire du verbe *être*, absolument d'après la manière usitée pour les adjectifs : *Les enfants sages sont estimés.*

L'idée exprimée par le participe *estimés* est appliquée au sujet *enfants*, comme la qualité de *bon* est attribuée à *Dieu* dans cette phrase : *Dieu est bon.*

381. Tels sont les principes en vertu desquels le participe passé reste invariable ou s'accorde.

De ces principes nous déduisons les règles suivantes :

Le participe passé est actif ou passif.

qualité d'adjectif, complète l'idée du substantif auquel il se rapporte : ce sont là deux cas bien différents.

Il faut en excepter les propositions où se trouve un verbe pronominal, autre que *s'arroger* qui ne peut jamais avoir un nom de personne pour complément direct. Cette particularité tient au tour particulier de la phrase favorisé par l'emploi du verbe *être* au lieu du verbe *avoir*, et à l'idée réfléchie qui, par une espèce d'attraction, rapproche jusqu'à les juxtà-poser des mots exprimant deux fois le même objet ou les mêmes objets, mais avec des rôles différents, puisque l'un ou les uns sont sujets de la proposition, et l'autre ou les autres, compléments directs de l'attribut compris dans le verbe. Mais dans ce cas la passivité du participe est mise à découvert par le verbe *être*, qui ne marque que l'état, et dont ces tours ne peuvent se passer.

382. Le participe passé actif est toujours invariable, parce qu'il est employé dans l'analogie du participe présent.

383. Le participe passé est *actif* lorsque l'idée qu'il exprime est complète sans le secours d'un complément direct : *Nos troupes ayant marché au combat, remportèrent la victoire* ; ou bien lorsque cette idée est complétée par le complément direct du verbe, et alors ce complément est toujours placé après le participe : *Nous avons vaincu les ennemis.*

Dans le premier exemple, le participe exprime une idée complète sans le secours d'un complément direct ; dans le second, le substantif *ennemis* sert à compléter l'idée de l'attribut compris dans le verbe *avons vaincu* : *nous avons été vainquant*, qui? *les ennemis.*

384. Le participe passé passif s'accorde toujours avec le substantif auquel il se rapporte, parce qu'alors il est adjectif.

385. Le participe passé est passif :

1° Lorsqu'il figure comme complément essentiel, et alors il est placé immédiatement après le substantif ou le pronom dont il complète l'idée : *Les enfants sages lisent les livres estimés ;* ou bien il en est séparé par le verbe *avoir : Vos frères ont été sages, on les a récompensés* (on a eux récompensés); ou bien encore il fait partie d'une proposition incidente déterminant le substantif : *La lettre que j'ai reçue (la lettre reçue par moi), m'a fait plaisir.*

Ces trois cas n'en font qu'un ;

2° Lorsqu'il figure comme attribut, et alors il est joint par le verbe *être* au substantif ou au pronom auquel il se rapporte : *Les ennemis ont été vaincus.*

386. Au moyen des règles qui précèdent, nous allons rendre compte de toutes les formes sous lesquelles les constructions particulières à notre langue peuvent présenter le participe passé.

Nous n'ajouterons plus qu'un mot : c'est que les verbes actifs seuls peuvent avoir le participe passé passif.

Phrases ordinaires.	*Phrases expliquées.*
Les dix heures que votre tante a *dormi*, lui ont fait du bien.	Les dix heures pendant lesquelles votre tante a *dormi*, lui ont fait du bien. *Dormir*, étant verbe neutre, n'a pas le participe passé passif *dormi, dormie*: *que* n'est pas complément direct du verbe; il équivaut à *pendant lesquelles.*
Ils ont *traité* cette affaire dans les lettres qu'ils se sont *adressées* mutuellement.	Ils ont *traité* cette affaire dans les lettres *adressées* à eux mutuellement par eux. *Traïté* est participe actif; le complément direct du verbe, *affaire*, est placé après lui. *Adressées* est participe passif; le complément direct du verbe, *que* représentant *lettres*, est placé avant lui.

Phrases ordinaires.	*Phrases expliquées.*
Ils se sont *écrit*. Nous nous sommes *succédé* Nous nous somme *nui*. Ils se sont *plu*.	Ils ont *écrit* à eux. Nous avons *succédé* à nous. Nous avons *nui* à nous. Ils ont *plu* à eux. *L'idée qu'expriment les participes est complète sans le secours d'un complément direct. Les participes sont actifs; les trois derniers appartiennent à des verbes neutres.*
Nous nous sommes *abstenus* de toute réflexion.	Nous avons nous *abstenus* de toute réflexion. *Abstenus* est participe passif; le complément direct du verbe, *nous*, est placé avant lui.
Ces enfants se sont *repentis* de leur légèreté.	Ces enfants ont *eux* (comment) *repentis* (participe passif) de leur légèreté.
Les troupes se sont *emparées* de la ville.	Les troupes ont *elles* (complément) *emparées* (participe passif) de la ville.
Ils se sont *arrogé* des droits.	Ils ont *arrogé* (participe actif) des *droits* (complément) à eux.
Ils ont *usurpé* les droits qu'ils se sont *arrogés*.	Ils ont *usurpé* (participe actif) les droits (complément) *arrogés* (participe passif) à eux par eux.
Il est *arrivé* de grands évènements.	Cela (sujet) est *arrivé* (participe passif figurant comme attribut) savoir : de *grands évènements* (sont *arrivés*).

Phrases ordinaires.	*Phrases expliquées.*
Il s'est *glissé* une erreur.	Cela a *soi* (complément) *glissé* (participe passif) savoir: une erreur.
Les mauvais temps qu'il y a *eu*, ont *nui* à la récolte.	Il y a *eu* (participe actif et point de complément) savoir : les mauvais temps qui ont *nui* (participe actif d'un verbe neutre) à la récolte.
Les chaleurs qu'il a *fait*, ont *favorisé* la moisson.	Il a *fait* (participe actif et point de complément) savoir : les chaleurs qui ont *favorisé* (participe actif) la moisson (complément). Dans les quatre dernières phrases le pronom *il* ne représente ni une personne, ni une chose ; il n'est employé que pour favoriser un tour particulier à notre langue.
Les réponses que j'avais *prévu* qu'on vous ferait, vous ont été *faites*.	Les réponses que j'avais *prévu* (participe actif) qu'on vous ferait (complément) vous ont été *faites* (participe passif). Lorsque le participe est entre deux *que*, le premier est pronom conjonctif et toujours complément du second verbe : *j'avais prévu qu'on vous ferait*, *que* représentant *réponses*.

Phrases ordinaires.	*Phrases expliquées.*
Les embarras que j'ai *su* que vous aviez, m'ont *engagé* à vous faire des offres de service.	Les embarras *que* (pronom conjonctif, complément de *aviez*) j'ai *su* (participe actif) que vous aviez (complément) ont moi (complément) *engagé* (participe passif) à vous faire des offres de service.
Cette affaire est plus intéressante que je ne l'avais *cru*, *pensé*, *supposé*.	Cette affaire est plus intéressante que je n'avais, *l'* pour *le* mis pour *cela* (complément) *cru*, *pensé*, *supposé* (participes passifs).
Cette femme chante bien, je l'ai *entendue* chanter.	Cette femme chante bien, j'ai *elle* (complément) *entendue* (participe passif) chanter ou chantant. On ne pourrait pas dire *j'ai entendu chanter elle*, parce qu'on ne chante point une femme, du moins dans ce sens là.
Cette romance est charmante; je l'ai *entendu* chanter.	Cette romance est charmante; j'ai *entendu* (participe actif) *chanter* (complément) elle. On ne pourrait pas dire : *j'ai entendu elle chanter* ou *chantant*, parce qu'une romance ne chante point.
Je les ai *laissés* partir.	J'ai *eux* (complément) *laissés* (participe passif) partir ou partant.

Phrases ordinaires.	*Phrases expliquées.*
Ils se sont *laissé* surprendre par les ennemis.	Ils ont *laissé* (participe actif) *surprendre* (complément) eux par les ennemis.
Je les ai *vus* repousser les ennemis.	J'ai *eux* (complément) *vus* participe passif) repousser ou repoussant les ennemis.
Il nous a *entendus* blâmer son imprudence.	Il a *nous* (complément) *entendus* participe passif) blâmer ou blâmant son imprudence.
Je les ai *vu repousser* par les ennemis.	J'ai *vu* (participe actif) *repousser* (complément) eux par les ennemis.
Il nous a *entendu blâmer* à cause de notre imprudence.	Il a *entendu* (participe actif) *blâmer* (complément) nous à cause de notre imprudence.
Le négoce qui l'avait *fait fleurir*, servit à la rétablir.	Le négoce qui avait *fait fleurir* (*fait* participe actif inséparable de l'infinitif qui le suit) *elle* (complément) servit à la rétablir.
	Le participe *fait* suivi d'un infinitif ne forme qu'une seule idée avec lui ; le complément est complément de cette idée composée de deux mots. On ne dirait pas : le négoce qui avait fait *elle* fleurir, parce que notre langue n'admet pas la locution *faire quelqu'un*

Phrases ordinaires.	*Phrases expliquées.*
	fleurir ; on ne dirait pas non plus *fleurir quelqu'un*, *fleurir* étant un verbe neutre ; le pronom *elle* est complément des deux mots réunis *fait fleurir*.
Je lui ai *rendu* tous les *services* que j'ai *dû*, *pu*, *voulu*.	Je lui ai *rendu* (participe actif) tous les services (complément) que j'ai *dû*, *pu*, *voulu* (participes actifs). Le complément des trois derniers verbes est sous entendu, *lui rendre* : que j'ai *dû, pu*, *voulu lui rendre*. Ce complément, s'il était exprimé, serait, comme on voit, placé après les participes actifs, conformément à la règle.
Il m'a *payé* les *sommes* *qu*'il m'a *dues*.	Il m'a *payé* (participe actif) les *sommes* (complément) *dues* (participe passif) à moi par lui.
Votre cousin veut fortement les choses *qu*'il a une fois *voulues*.	Votre cousin veut fortement les *choses* (complément) une fois *voulues* (participe passif) par lui.
La personne *que* j'avais *engagée* à vous voir, est ici.	La personne *que* (pour *laquelle* ou *celle* complément) *engagée* (participe passif) par moi à vous voir, est ici.

Phrases ordinaires.	*Phrases expliquées.*
Il *nous* a *priés* de lui écrire.	Il a *nous* (complément) *priés* (participe passif) de lui écrire.
Ils *se* sont *proposés* pour accompagner vos parents.	Ils ont *eux* (complément) *proposés* (participe passif) pour accompagner vos parents.
La personne que nous avions ***désiré de voir***, est arrivé hier.	La personne que nous avions *désiré* (participe actif) de *voir* (complément) est arrivée hier.
Il nous a *recommandé* de lui écrire.	Il a *recommandé* (participe actif) à nous d'*écrire* (complément) à lui.
Ils se sont *proposé d'accompagner* vos parents.	Ils ont *proposé* (participe actif) à eux d'*accompagner* (complément) vos parents.
Le peu d'attention *que* votre frère a *mis* à ses devoirs, lui a *procuré* des *succès.*	Le peu d'attention *que* (pour *laquelle* ou *celle* complément) *mis* (participe passif) par votre frère à ses devoirs, a *procuré* (participe actif) des *succès* (complément) à lui.
Le peu d'attention *que* votre frère a *mis* à ses devoirs, l'a *empêché* de réussir.	Le peu d'attention *que* (pour *lequel* ou *celui* complément) *mis* (participe passif) par votre frère à ses devoirs, a eu *lui* (complément) *empêché* (participe passif) de réussir.

Phrases ordinaires.	*Phrases expliquées.*
	Le peu signifie la *petite quantité* ou le *manque* : quand il signifie la petite quantité, le *que* suivant représente le substantif qui suit *le peu;* quand il signifie le manque, le *que* représente *le peu* lui-même qui est considéré comme un substantif masculin singulier. La phrase elle-même fait toujours connaître la signification de *le peu*. Dans le premier cas, s'il n'y avait pas eu une petite quantité d'attention, l'écolier n'aurait pas eu de succès; dans le second, c'est le manque d'attention qui l'a empêché de réussir.
J'ai *prêté* des *livres* à votre cousin, et il en a *demandé* encore à mon fils;	J'ai *prêté* (participe actif) des *livres* (complément) à votre cousin, et il en a *demandé* (participe actif) (*quelques-uns*, complément sous-entendu) encore à mon fils.
Nous *les* en avons *informés*.	Nous avons eu *eux* (complément) *informés* (participe passif) de cela.
L'opinion *que* j'en avais *conçue*, ne *m'a* pas *trompé*.	L'opinion *que* (pour *laquelle* ou *celle*, complément) *conçue* (participe passif) par moi de lui, n'a pas eu *moi* (complément) *trompé* (participe passif).

Phrases ordinaires.	*Phrases expliquées.*
J'ai *reçu* de mon père les *cent mille francs* que cette maison de campagne m'a *coûté*.	J'ai *reçu* (participe actif) de mon père les *cent mille francs* (complément) que cette maison de campagne a *coûté* (neutre et par conséquent toujours invariable) à moi.
Nous avons *payé* aisément les *sommes* que cette propriété a *valu*.	Nous avons *payé* (participe actif) aisément les *sommes* (complément) que cette propriété a *valu* (neutre).
Les deux cents pas que j'ai *couru*, m'ont *fatigué*.	Les deux cents pas que j'ai *couru* (neutre) ont *moi* (complément) *fatigué* (participe passif).
J'ai *pris* avec plaisir les *soins que* votre éducation m'a *coûtés*.	J'ai *pris* (participe actif) avec plaisir les *soins* (complément) *que* (pour *lesquels* ou *ceux*, complément (*coûtés* (participe passif) à moi par votre éducation.
Les éloges *que* votre application vous a *valus*, ont *fait plaisir* à vos parents.	Les éloges *que* (pour *lesquels* ou *ceux*, complément) *valus* (participe passif) à vous par votre application, ont *fait* (participe actif) *plaisir* (complément) à vos parents.
Nous avons *vu* avec peine les *périls que* notre armée a *courus*.	Nous avons *vu* (participe actif) avec peine les *périls* (complément) *que* (pour

Phrases ordinaires.	*Phrases expliquées.*
	lesquels ou *ceux* (complément) *courus* (participe passif) par notre armée.
Cette affaire m'a *coûté* une grande *peine*.	Cette affaire a *coûté* (participe actif) une grande *peine* (complément) à moi.
Son application lui a *valu* une récompense.	Son application a *valu* (participe actif) une *récompense* (complément) à lui.
Notre armée a *couru* des *dangers*.	Notre armée a *couru* (participe actif) des *dangers* (complément).
	Les trois verbes *coûter*, *valoir* et *courir* sont neutres lorsqu'ils expriment l'idée pour laquelle ils ont été d'abord employés, c'est-à-dire quand avec les verbes *coûter* et *valoir*, il s'agit d'argent, et lorsque le verbe *courir* signifie *faire du chemin*. Hors de là ils sont toujours actifs, et admettent un complément direct pour compléter l'idée de l'attribut qu'ils contiennent.

Syntaxe des auxiliaires.

387. De la connaissance, telle que je l'ai donnée, du participe passé distingué en participe actif et en participe passif, dérive celle

de l'emploi des auxiliaires avec les verbes neutres.

Un certain nombre de ces verbes se conjuguent avec *avoir* ou avec *être* : avec *avoir*, si le sujet est considéré comme agissant; avec *être*, s'il est considéré comme passif; (1) dans ce dernier cas, le participe exprime une idée appliquée au sujet absolument comme un adjectif sans idée d'activité, tandis que dans *il a marché*, par exemple, qui est pour *il a été marchant*, quand on a prélevé l'idée d'existence *a été*, comme à tous les verbes attributifs, il reste un attribut, *marchant* exprimant une activité qui n'est pas dans celui de la proposition suivante : *Les chaleurs sont passées*, où l'idée exprimée par le participe *passées*, est attribuée au sujet *les chaleurs*, absolument comme celle d'un adjectif. Ainsi avec certains verbes neutres, c'est l'idée qu'on veut exprimer qui décide de l'auxiliaire. On dira donc : *Votre sœur a disparu tout-à-coup*; *la fièvre a cessé hier*; *la rivière a monté avec rapidité*; *le baromètre a descendu de plusieurs degrés en peu d'heures*; *votre frère a demeuré huit jours à Toulouse*; *votre oncle a passé par Châlons*; *le trait a parti avec impétuosité*, parce que l'esprit considère le sujet comme agissant. Au contraire on dira : *Votre sœur est disparue depuis quinze jours*; *la fièvre est cessée depuis quelque temps*; *votre oncle est*

(1) Il faut excepter les verbes *aller*, *arriver*, *choir*, *décéder*, *mourir*, *naître*, *tomber*, *venir* et ses composés que l'on conjugue avec le verbe *être*.

descendu depuis une heure; deux cents hommes sont demeurés sur le champ de bataille ; les chaleurs sont passées ; nos soldats sont partis pour un an, parce que l'on ne considère que l'état dans lequel se trouve le sujet.

388. Plusieurs de ces verbes peuvent se construire avec un complément direct ; alors ils prennent toujours *avoir* : *Pierre a monté l'escalier.*

389. *Convenir* signifiant *être convenable* se conjugue avec *avoir* : *Votre jardin m'a convenu* ; signifiant *être d'accord*, il veut *être* : *Il est convenu du fait.*

390. *Cette faute m'est échappée* signifie qu'on l'a faite : *elle m'a échappé* signifie *qu'on ne s'en est pas aperçu.*

391. *Expirer* se conjugue avec *être* quand il se dit des choses, et avec *avoir* quand il se dit des personnes.

Syntaxe de l'adverbe.

Le vase que je vous demande est sur la cheminée.

392. L'adverbe étant toujours équivalent à une préposition suivie de son complément, ne peut pas être complété par une idée qui ne serait que la répétition du complément qu'il renferme: *Le vase que je vous demande est sur* (et non dessus) *la cheminée.*

A moins qu'il ne soit précédé d'une préposition : dans ce cas il forme avec elle une locution prépositive à laquelle on donne un complément : *On a tiré cela de dessous la table* : ou qu'on ne mette en opposition deux adverbes exprimant le contraire : *Les ennemis sont dedans et dehors la ville.*

De tous mes élèves Charles est celui qui travaille le plus.

393. *Le plus*, employé pour compléter l'idée d'un attribut, est, comme nous l'avons vu, toujours invariable. Il sert à établir des comparaisons entre deux ou plusieurs objets, ou bien entre les divers degrés d'une même qualité. Il ne peut être remplacé par *d'avantage* : *De tous mes élèves Charles est celui qui travaille le plus. D'avantage* ne peut s'employer que pour une comparaison établie entre deux individus, ou entre deux groupes d'individus : *Vos élèves travaillent beaucoup, mais les miens travaillent d'avantage.*

394. *Le plus*, modifiant un attribut, s'emploie pour un jugement qui est le résultat de plusieurs comparaisons : avant de dire que *de tous mes élèves Charles est celui qui travaille le plus*, j'ai dû le comparer à chacun de ses condisciples; *d'avantage* au contraire remplace simplement *plus* à la fin d'une phrase et pour une comparaison unique.

395. Dans la proposition : *Le plus sage de vos deux frères obtiendra des récompenses*, *le plus* n'exprime point la même idée que dans l'exemple précédent; il n'est point invariable. Cette proposition équivaut à celle-ci : *Le frère plus sage de vos deux frères*. Cela est si vrai qu'on dit *la plus forte des deux mains est ordinairement la main droite*, et non *le plus forte*, parce que le substantif *main* est sous-entendu, et que l'article s'accorde avec lui : *La (main) plus forte des deux mains est ordinairement la main droite.*

Il a terminé son devoir plus tôt que je n'aurais cru.

Prenez ceci plutôt que cela.

396. *Plus tôt* en deux mots marque le temps : *Il a terminé son devoir plus tôt que je n'aurais cru* : en un seul, *plutôt*, il exprime la préférence : *Prenez ceci plutôt que cela.*

Il est si modeste que tout le monde l'aime.

Il est aussi modeste que son frère.

397. *Si* et *tant* expriment le degré auquel une idée est portée : *aussi*, *autant* s'emploient dans les comparaisons ; les propositions où ils sont ne forment jamais un sens complet, *si* et *tant* annonçant une conséquence, *aussi* et *autant*, pour exprimer une idée complète avec les idées qu'ils

modifient, ayant besoin du second terme de la comparaison : *Il est si modeste que tout le monde l'aime; il est aussi modeste que* (et non *comme*) *son frère.*

Il ne saurait dire deux mots de suite.

Il faut que les enfants obéissent tout de suite.

398. *De suite* signifie successivement, sans interruption : *Il ne saurait dire deux mots de suite; tout de suite* signifie sans délai : *Il faut que les enfants obéissent tout de suite.*

399. *Tout à coup* signifie *à l'improviste : Tout d'un coup, tout en une fois.*

Négation.

Il est tout autre qu'il n'était.

400. Dans une proposition complétive on met quelquefois *ne* après *autre, autrement, plus, mieux, moins,* et les verbes *craindre*, etc. : *Il est tout autre qu'il n'était; il parle autrement qu'il ne pense; il est plus savant que vous ne croyez; je crains qu'il ne vienne.*

Cela provient de ce que la seconde proposition est nécessairement négative d'après l'idée ou le désir de celui qui parle ; c'est comme si l'on disait : *Il est maintenant d'une manière, autrefois il n'était pas ainsi ; il parle d'une manière, mais il ne pense pas de même; il est savant à une tel degré, vous ne croyez pas qu'il le soit autant; je désire qu'il ne vienne pas.*

Il ne parle pas autrement qu'il pense.

401. Si au contraire la négation se trouve dans la première proposition, la seconde est nécessairement affirmative, et par conséquent n'a pas de négation : *Il ne parle pas autrement qu'il pense; il n'est pas plus modeste qu'il le paraît; je ne crains pas qu'il vienne.*

Ces phrases équivalent à celles-ci : *Il pense d'une manière, et il ne parle pas autrement; il paraît peu modeste, et il ne l'est pas davantage; il peut venir*, ou *qu'il vienne, je ne crains pas.*

Je crains qu'il ne vienne pas.

402. Quand on désire l'accomplissement de l'idée exprimée par le second verbe, on met *ne pas* dans la seconde proposition après les verbes *craindre*, etc. : *Je crains qu'il ne vienne pas*, c'est-à-dire, *je désire qu'il vienne.*

J'aurai achevé mon devoir avant que vous veniez.

403. La négation forme pléonasme avant les locutions *avant que*, *sans que* : *J'aurai achevé mon devoir avant que vous veniez; il travaille sans qu'on le presse.*

C'est comme si l'on disait : *J'aurai achevé mon devoir à une époque où vous ne serez pas encore venu; il travaille et l'on n'a pas besoin de le presser:* par conséquent *ne* est inutile.

404. Il en est de même après le verbe *défendre*: *J'ai défendu que votre frère vienne ;* en effet qu'ai-je défendu? *que votre frère vienne ; défendre* renferme une négation; cette phrase équivaut à celle-ci : *Je ne veux pas que votre frère vienne; j'ai défendu que votre frère ne vienne* serait équivalent à : *Je veux que votre frère vienne* : en effet, *j'ai défendu quoi ? que votre frère ne vienne*, puisque je lui ai défendu l'action de *ne pas venir;* je lui ai ordonné celle *de venir ;* donc *je veux qu'il vienne* sens contraire à celui-ci : *J'ai défendu qu'il vienne.*

De la préposition.

Le cheval s'est mis à courir à travers les champs.

405. Quand pour compléter une idée on a besoin d'employer *à travers* ou *au travers*, il ne faut pas confondre ces deux expressions : *à travers* est une locution prépositive que l'on fait suivre immédiatement de son complément comme on dit *avec sagesse* sans intermédiaire; *au travers* se compose de la préposition *à*, de l'article *le*, et du substantif *travers* exprimant une idée générale ; si l'on veut restreindre cette idée, il faut faire suivre le substantif de la préposition *de*

et d'un complément : *Le cheval s'est mis à courir à travers les champs*, ou *au travers des champs*.

Prêtez-moi huit à dix francs.

406. La préposition *à* se met entre deux nombres quand on peut partager la chose exprimée par le substantif qui suit : *Prêtez-moi huit à dix francs* ; dans le cas contraire la conjonction *ou* devrait remplacer la préposition *à* : *Envoyez-moi sept ou huit hommes pour labourer mon champ.*

Il est tombé beaucoup de pommes à terre. Un des poiriers de votre jardin est tombé par terre.

A terre se dit de ce qui ne touche pas au sol : *Il est tombé beaucoup de pommes àterre* : *par terre* s'emploie dans le cas contraire : *Un des poiriers de votre jardin est tombé par terre.*

Il est agréable de passer l'été à la campagne.

Mon père est en campagne depuis huit jours.

407. Le substantif *campagne* précédé de la préposition *à* et de l'article signifie *les champs* : *Il est agréable de passer l'été à la campagne* ; avec la préposition *en*, il exprime une idée de mouvement, de voyage : *Mon père est en campagne depuis huit jours.*

Aidez à cet homme à porter son fardeau.

Aidez vos amis de vos conseils.

408. La préposition *à* après le verbe *aider* fait entendre que la peine est partagée par celui qui aide : *Aidez à cet homme à porter son fardeau*; *aidez* sans préposition ne marque point d'effort : *Aidez vos amis de vos conseils.*

J'ai participé à la délibération.

Le mulet participe de l'âne et du cheval.

409. Le verbe *participer* suivi de la préposition *à* signifie *prendre part à* : *J'ai pris part à la délibération ;* suivi de la préposition *de* il signifie *tenir de la nature de* : *Le mulet participe* de *l'âne et du cheval.*

Je veux joindre cette propriété à la mienne.

Il joint la modestie au mérite.

Il joint la modestie avec le mérite.

410. Le verbe *joindre* suivi de la préposition *à* signifie *ajouter, unir, allier*: *Je veux joindre cette propriété à la mienne; il joint la modestie au mérite*; suivi de la préposition *avec*, il signifie seulement *unir, allier : Il joint la modestie avec le mérite.*

Mêler la douceur à la sévérité.

Mêler l'eau avec le vin.

411. Le verbe *mêler* suivi de la préposition *à* signifie *joindre, unir*, sans qu'il y ait confusion : *Mêler la douceur à la sévérité*; suivi de la préposition *avec*, il se dit des choses qui produisent un mélange réel, comme du blanc et du noir résulte le gris : *Mêler l'eau avec le vin.*

La valeur supplée au nombre.

412. La préposition *à* doit se mettre après le verbe *suppléer*, lorsque la chose qui remplace n'est pas de la même nature que l'objet remplacé: *La valeur supplée au nombre*; hors de là, on la retranche : *Un professeur en supplée un autre qui a besoin de s'absenter.*

Ses connaissances ne lui servent à rien dans le moment.

Ses plaintes ne lui ont servi de rien.

413. La préposition *à* construite avec le verbe *servir* et le mot *rien* exprime un rapport aux circonstances : *Ses connaissances ne lui servent à rien dans le moment*; la préposition *de* exprime une idée indépendante du temps : *Ses plaintes ne lui ont servi de rien.*

Je vous prends à témoin.

414. La préposition *à* construite avec le mot *témoin* forme une locution adverbiale, et comme aucune des parties d'une locution adverbiale ne varie, le mot *témoin* reste invariable : *Je vous prends à témoin*, c'est-à-dire *en témoignage*. Mais on dirait : *Je vous prends pour témoins*, c'est-à-dire comme *témoins*.

Témoin seul, placé devant un substantif, est invariable : *Témoin vos frères qui étaient présents* ; dans ce dernier cas l'emploi du mot *témoin* est analogue à celui des adjectifs *nu*, *demi*, *excepté*, *supposé*.

Je viens de jouer, c'est à vous à jouer.

C'est à vous de donner de bons conseils à la jeunesse.

415. Les prépositions *à* et *de* ne s'emploient pas indifféremment l'une pour l'autre : *c'est à vous à* sert à marquer le tour : *Je viens de jouer*, *c'est à vous à jouer*; *c'est à vous de* exprime une idée de droit, de devoir : *C'est à vous de donner de bons conseils à la jeunesse.*

Cette observation nous explique pourquoi un chef de corps doit écrire à ses subordonnés : *J'ai l'honneur de vous transmettre, avec invitation de vous conformer à son contenu, une circulaire de M. le ministre*, etc. au lieu de : *J'ai l'honneur de vous transmettre avec invitation à vous conformer* etc. quoique le verbe *inviter* exige après lui la préposition *à*; c'est qu'il s'agit d'une idée d'obligation de devoir ; le mot *invitation* n'est qu'un terme de politesse mis pour un des substantifs *ordre*, *injonction*. La préposition *à* serait tout-à-fait déplacée.

Avec un peu de soin vous atteindrez au but.

416. La préposition *à* se met après le verbe *atteindre*, quand il y a des difficultés à vaincre : *Avec un peu de soin vous atteindrez au but.*

Elle se supprime dans le cas contraire : *Il a atteint l'âge de quatre-vingt-seize ans ;* ou si le verbe *atteindre* a pour complément direct un nom de personne : *Il est difficile d'atteindre Lafontaine dans l'apologue.*

Dans le dernier exemple *atteindré* signifie *égaler.*

Éclairez à Monsieur.

417. Le verbe *éclairer*, suivi de la préposition *à*, signifie *faire voir clair à quelqu'un sur son passage* : *Éclairez à Monsieur* (*le corridor*, *l'escalier*, etc.)

Éclairer quelqu'un c'est lui apprendre ce qu'il ne sait pas : *Un maître éclaire ses élèves.*

Emprunter une somme à quelqu'un ou de quelqu'un.

Les magistrats empruntent toute leur autorité de la justice.

417. Le verbe *emprunter* se construit avec la préposition *à* et avec la préposition *de* quand il

a un nom de personne pour complément indirect: *emprunter un somme de quelqu'un ou à quelqu'un.* Il prend toujours la préposition *de*, quand le complément indirect est un nom de chose : *Les magistrats empruntent toute leur autorité de la justice,*

J'ai déjeûné d'un pâté avec mon frère.

419. Avec les verbes *déjeuner, dîner, goûter*, *souper*, on met la préposition *de* devant le nom de la chose, et la préposition *avec* devant celui de la personne : *J'ai déjeuné d'un pâté avec mon frère.*

Nos troupes ont voyagé durant l'été.

Nos troupes ont changé de garnison pendant l'été.

420. *Durant* et *pendant* ne se prennent pas indifféremment l'un pour l'autre ; *durant* embrasse tout le temps dont on parle : *Nos troupes ont voyagé durant l'été*; *pendant* signifie que l'action a eu lieu dans une partie de ce temps : *Nos troupes ont changé de garnison pendant l'été.*

Prenez la chaise qui est près de la porte.

Un enfant se trouve bien auprès de sa mère.

421. *Près de* exprime simplement la proximité: *Prenez la chaise qui est près de la porte;* à cette idée, *auprès* ajoute une idée d'assiduité, de

tendresse : *Un enfant se trouve bien auprès de sa mère.*

Ma maison est vis-à-vis de celle de votre oncle.

422. *Vis-à-vis* s'emploie pour une opposition de lieu, et ne se met pas à la place de *envers*, *à l'égard de* : *Ma maison est vis-à-vis de celle de votre oncle;* on ne dirait pas : *Cet enfant est reconnaissant vis-à-vis de ses maîtres.*

Il existe une grande amitié entre votre frère et moi.

Il est rare de trouver une application soutenue parmi les écoliers.

423. *Entre* se dit de deux individus : *Il existe une grande amitié entre votre frère et moi* ; *parmi* se dit d'un plus grand nombre : *Il est rare de trouver une application soutenue parmi les écoliers.*

423. Cependant on dit *entre nous*, en parlant de plus de deux. C'est que les individus ne composent que deux portions, la personne qui parle, d'un côté, et celles qui écoutent, de l'autre.

425. *Entre* se met encore dans les comparaisons, bien qu'il s'agisse d'un grand nombre d'objets. C'est que la comparaison n'a lieu qu'entre un individu et un groupe d'individus : ainsi je puis dire; *Entre toul ses écoliers, Charles est celui qui travaille le plus.*

Cette phrase est le résultat d'autant de comparaisons partielles qu'il y a d'individus à part *Charles*. Le jugement que j'énonce, n'étant que la somme de ces comparaisons, et mon esprit considérant *Charles* d'un côté, et tous les autres élèves de l'autre, je puis dire : *Entre tous les écoliers, Charles est celui qui travaille le plus.*

Syntaxe de la conjonction.

426. Les conjonctions ne complètent pas les idées ; elles servent à lier les propositions et les phrases entr'elles ; *Je crois que votre frère travaille et qu'il aura des prix* : *et* sert à ajouter la proposition *je crois* sous-entendue à la proposition *je crois* exprimée : *Je crois que votre frère travaille, je crois qu'il aura des prix.*

On met *et* parce que la proposition sous-entendue est affirmative.

Je ne crois pas que votre frère travaille ni qu'il ait des prix.

427. *Ni* joue le même rôle que *et* ; il se met quand la proposition sous-entendue est négative : *Je ne crois pas que votre frère travaille ni qu'il ait des prix.*

Ni renferme *et* qui est le signe de l'addition ; il équivaut à *et ne point*, *et ne pas* ; c'est comme s'il y avait : *Je ne crois pas que votre frère travaille et je ne crois pas qu'il ait des prix.*

J'aime Dieu et mes parents.

428. *Et* et *ni* annonçant toujours logiquement

une proposition, il s'en suit qu'on en trouve deux dans cette phrase : *J'aime Dieu et mes parents* ; *J'aime Dieu et j'aime mes parents.*

Votre frère obéit sans joie ni murmure.

429. La préposition *sans* équivaut à une négation ; si elle est précédée de *et*, on peut les remplacer par *ni* : *Votre frère obéit sans joie ni murmure*, à la place de : *Votre frère obéit sans joie et sans murmure*, qui est au moins tout aussi bon.

Plus vous travaillerez, plus vous aurez de prix.

430. La conjonction *et* servant à ajouter, est inutile quand il ne s'agit pas d'une addition : *Plus vous travaillerez, plus vous aurez de prix.*

Ces deux propositions sont mises en regard et non ajoutées l'une à l'autre; la seconde est la conséquence de la première et marque simplement la proportion qui se trouvera entre les récompenses et le travail ; par conséquent on ne doit pas dire : *Plus vous travaillerez et plus vous aurez de prix.*

Le maître vous estime parce que vous travaillez.

Par ce que vous m'avez dit je comprends qu'il faut aimer l'étude.

430. *Parce que* en deux mots est conjonction : *Le maître vous estime parce que vous travaillez* ;

en trois mots, *par ce que*, il se compose de la préposition *par*, du pronom démonstratif *ce* et du pronom conjonctif *que*: *par ce que (par la chose ou par les choses que)*, *vous m'avez dit, je comprends qu'il faut aimer l'étude.*

Quoi que vous soyez riche, vous ne devez pas être fier.

Quoi que vous disiez, nous partirons demain.

432. *Quoique* en un seul mot est conjonction: *Quoique vous soyez riche vous ne devez pas être fier;* en deux mots, *quoi que*, il signifie *quelle que soit la chose que*, *quelque chose que*: *Quoi que vous disiez, nous partirons demain.*

Nous causerons quand vous viendrez me voir.

Quant à votre ouvrage, je vous ai dit ce que je pense.

433. *Quand* (du latin *quandò*) marque le temps: *nous causerons quand vous viendrez me voir; quant* signifie *relativement à*: *quant à votre ouvrage, je vous ai dit ce que je pense.*

434. *A cause que*, *devant que*, *durant que*, *malgré que* sont des expressions surannées: il faut mettre à leur place: *parceque*, *avant que*, *pendant que*, *quoique*.

Syntaxe de l'interjection.

435. L'interjection, comme nous l'avons vu, est le premier langage de l'homme; c'est un mot

invariable propre à rendre les mouvements soudains de l'âme ; il est toujours l'expression d'un jugement entier, dont le sens est indiqué par les circonstances. Souvent aussi le sentiment exprimé par l'interjection se trouve développé par ce qui suit : *Oh ! (je suis ravi) ma joie est à son comble ! Ah (je suis surpris) que l'homme sensible a de jouissauces inconnues à celui qui est indifférent !* Chaque interjection étant équivalente à une proposition, dans l'analyse logique, se résout, comme on le voit, par les mots entre parenthèses.

Des Figures.

436. Le mot *figure* au propre, signifiant *forme*, *conformation extérieure*, ne peut s'appliquer qu'aux objets matériels. Mais, par imitation, on l'a fait servir à exprimer une certaine manière de parler. Les mots, dans les langues, représentent chacun une idée distincte de toute autre; mais par un nouveau sens qu'on leur donne, ils peuvent exprimer une idée différente de la première, et quand cela arrive, ils ont, pour ainsi dire, une autre forme, si non matériellement du moins dans notre intelligence : c'est ce qu'on appelle *figure*. Il en est de même, lorsque sans donner aux mots de nouvelles significations, on énonce la pensée d'une manière particulière. Ainsi l'on distingue deux sortes de figures, *les figures de pensées* et *les figures de mots*. Les unes et les autres sont communes à toutes les langues, parcequ'elles sont le résultat de certaines vues de l'esprit et que la nature de l'esprit humain est la même pour tous les hommes.

437. Les figures de pensées se distinguent des figures de mots, en ce que, consistant dans le tour de la pensée, elles subsistent indépendamment des termes, et que les figures de mots au contraire ne consistant que dans les termes, disparaissent si l'on change les mots qui les constituent. La figure de pensée, appelée *Prosopopée*, qui a lieu lorsqu'on prête des sentiments à un objet inanimé, subsiste toujours quels que soient les mots qu'on emploie, tandis que la figure de mots appelée *Trope*, ne consistant que dans le mot, disparaît avec lui. Dans l'exemple suivant: *Les mortels sont sujets à se tromper*, *mortels* mis pour *hommes* constitue une figure parcequ'il embrasse les hommes et les bêtes, et qu'on ne dit pas des bêtes qu'elles sont sujettes à se tromper. Si à la place de *mortels* nous mettions le substantif *hommes* qui serait le plus convenable, le *trope* n'aurait plus lieu.

438. Les figures de mots se subdivisent en *figures de diction* et *en tropes*.

439. Les figures de pensées n'étant pas du ressort de la grammaire et les tropes se trouvant dans des traités particuliers à la portée de tout le monde, nous nous bornerons à parler des figures de diction.

440, On trouve, dans quelques langues, des

figures de diction qui ne se présentent pas dans la nôtre : nous ne traiterons ici que de celles dont nous faisons usage : ce sont *l'ellipse*, le *pléonasme* et la *syllepse*.

De l'Ellipse.

441. A cause du désir ou du besoin que nous éprouvons de faire passer promptement nos idées dans l'esprit des autres, pour nous rapprocher de la pensée ou éviter des répétitions désagréables à l'oreille, nous supprimons des mots que la liaison des idées fait suppléer facilement. Nous faisons alors ce qu'on appelle une *ellipse*. La phrase suivante nous en offre un exemple : *Les spectateurs de rire et notre homme de se taire*, qui est pour celle-ci : *les spectateurs commencèrent de rire et notre homme prit le parti de se taire*, dans laquelle se trouvent exprimés les mots *commencèrent* et *prit le parti* ellipsés dans la première.

442. Quand le mot sous-entendu se trouve employé précédemment, il faut remarquer que l'ellipse ne peut avoir lieu qu'antant qu'il présente exactement les modifications avec lesquelles il a paru ; ainsi cette phrase n'est pas correcte : *Les conseils de mon père dirigent mes affaires, son goût, mes études*, parce que le verbe *diriger* dans la première proposition se trouve à la 3e personne du pluriel, et que dans la seconde, où il est sous-entendu, il devrait être au singulier.

Du Pléonasme.

443. Le *pléonasme* est une figure de diction qui présente l'inverse de ce que nous venons de voir pour l'ellipse. Elle consiste à répéter les mêmes mots ou des mots différents, mais avec la même valeur que les précédents, et a lieu lorsqu'on veut insister sur une idée ou sur des idées qu'on recommande à l'attention du lecteur ou de l'auditeur. Cette figure est d'un usage assez fréquent, et se trouve dans les phrases suivantes : *je serais esclave, moi qui suis né pour commander! Pourrait-il ne pas vous faire ce plaisir, lui pour qui vous avez eu tant de complaisance?* Dans la première, *je* et *moi*, tout en montrant l'indignation de la personne qui parle, font très-bien ressortir les idées opposées *d'être esclave* et *d'être né pour commander;* dans la seconde *il* et *lui* appellent l'attention sur la surprise de l'individu qui parle, dans le cas où le service ne serait pas rendu, et montrent en même temps la honte qu'il y aurait à ne pas obliger ceux qui ont de la complaisance pour nous.

444. Toutefois l'on ne doit point se permettre les pléonasmes dont le discours ne retire aucun avantage, ou qui le rendent ridicule par des répétitions déplacées soit de mots soit d'idées. Ainsi l'on ne dira pas : *Il n'a pris seulement que son manteau ; on a comblé votre fils de mille éloges,* parce que *ne que* signifiant *seulement* et *combler* faisant naître l'idée d'une grande quantité de la

chose dont on parle, ces deux propositions reviennent à celles-ci : *Il a pris seulement seulement son manteau ; on a donné mille mille éloges à votre fils*, qui offrent un langage qu'on ne peut convenablement pas tenir.

De la Syllepse.

445. La *syllepse* consiste à ne pas suivre les règles ordinaires de l'accord, et à faire rapporter un mot non point à celui que la phrase présente, mais à un autre que l'on a dans l'esprit. Dans cette proposition : *La plupart des écoliers aiment le travail*, le verbe *aiment* devrait être au singulier comme le sujet *la plupart* ; mais l'esprit considérant moins le collectif que les unités constituantes, ou bien considérant en même temps et le collectif et les objets de la collection, fait accorder le verbe avec ceux-ci qui sont les plus près : *aiment* est donc au pluriel en vertu d'une syllepse.

De la Construction.

446. Les langues présentent de grandes différences dans la manière d'arranger les mots ou les phrases qui servent à l'expression de la pensée. Dans chaque langue même cette manière varie suivant les individus qui parlent ou qui écrivent. L'un exprime ses idées en phrases courtes et coupées ; l'autre préfère un style périodique. Celui-ci rend ses pensées avec beaucoup de clarté ; celui-là, soit quelquefois à dessein, soit faute de pouvoir mieux, en fait des

espèces d'énigmes, faciles à comprendre pour les uns, difficiles pour les autres. Cependant au milieu de toutes ces différences, qui proviennent soit du caprice des individus, soit du génie particulier à chaque langue, on trouve un type commun à tous les hommes, parce qu'il tient à la nature de l'esprit humain.

447. Nous prenons tous connaissance des objets de la même manière, parce qu'ils se présentent à nous sous la réunion d'un certain nombre de qualités, que nous ne pouvons connaître sans l'analyse par laquelle nous sommes tous obligés de procéder. Nous ne les connaissons entièrement qu'après avoir reconstruit la synthèse décomposée, et cette connaissance, somme de plusieurs connaissances partielles, correspond dans notre esprit à l'idée composée analysée ou au jugement porté. Notre langage, pour être l'expression fidèle de nos idées ou de nos jugements, devrait se composer de synthèses correspondant à celles qui sont dans notre intelligence; il faudrait que chaque mot représentât tout un groupe d'idées, et que chaque jugement dont notre esprit n'a fait qu'un tout, fût rendu par un mot qui en résumât plusieurs autres, comme le jugement est l'assemblage de plusieurs idées. Alors le langage serait en harmonie avec les pensées qu'il est chargé de reproduire; et nous serions sûrs de transmettre aux autres nos jugements à peu près avec la valeur que nous leur donnons. Mais l'analyse, qui préside à toute conception, se montre à un degré différent dans les différentes langues. Les unes même, de l'ordre analytique et de l'ordre synthétique, qu'on retrouve plus ou moins dans les divers idiômes, admettent l'un de préférence à l'autre.

Construction analytique ou ordre logique.

448. Il est des langues dans lesquelles les mots suivent la conception intellectuelle des idées, c'est-à-dire, l'ordre analytique ou logique. Ainsi le mot exprimant le sujet se met avant celui par lequel l'attribut est représenté, et le verbe, qui marque l'existence de l'un dans l'autre, se place après le premier et avant le second : *Dieu est bon.*

449. Mais les idées dont le sujet ou l'attribut d'une proposition se composent, formant un tout qui ne peut être divisé, s'il n'est pas possible de les rendre par un seul mot, évidemment les termes qui en représenteront les diverses portions, devront se succéder dans l'ordre que les idées ont occupé avant la construction de la synthèse. Par conséquent, les compléments du mot qui occupe la première place, seront placés immédiatement à la suite de ce mot. On suivra la même marche pour les compléments dont les autres mots pourront avoir besoin. Dans la phrase suivante, par exemple: *La maison de campagne que vous avez vue l'autre jour, a été achetée par l'oncle de votre cousine;* le mot *maison* est un substantif générique qui étant restreint

par le substantif *campagne*, doit en être suivi immédiatement; *maison de campagne* forme un autre substantif générique qui se trouvant restreint à l'individualité par la proposition *que vous avez vue*, doit aussi en être suivi sans intermédiaire; les mots *l'autre jour* modifiant l'attribut compris dans le verbe *voir*, lui sont aussi juxtàposés, de sorte que les termes *la maison de campagne que vous avez vue l'autre jour*, représentant un seul objet conçu par l'intelligence d'une manière synthétique, se trouvent réunis pour que la synthèse intellectuelle soit transmise le plus fidèlement possible. Après arrive le verbe qui est le point de réunion entre le sujet et l'attribut; ensuite vient le mot *achetée*, qui ne suffisant pas à l'expression de l'attribut conçu par l'intelligence, est suivi immédiatement du substantif *oncle* par lequel il est restreint, et celui-ci, à son tour, est déterminé par les mots *votre cousine* aussi placés immédiatement après lui.

450. Cet ordre consistant à réunir les idées qui servent à la détermination les unes des autres, est commun à toutes les langues, parce qu'il est naturel à l'esprit humain. Toutes les fois qu'un seul mot ne suffit pas à l'émission d'un groupe d'idées, le mot principal est toujours accompagné des mots qui complètent cette émission.

De l'Inversion.

451. La marche suivie dans la phrase précédente est celle des langues *analytiques*. Dans

d'autres qu'on appelle *synthétiques*, les idées se présentent souvent dans un ordre différent. Ces langues donnent en général aux mots des modifications particulières propres à indiquer s'ils sont employés comme sujets ou comme compléments. Dès-lors les variations qui se trouvent dans la pensée, pouvant être clairement indiquées par ces modifications des mots, la construction de la phrase peut revêtir une forme différente. C'est cette forme qu'on appelle *inversion* ou *transposition*. Elle est particulière aux langues qui ont des déclinaisons. La langue française, qui suit ordinairement l'ordre analytique ou logique, s'en écarte plus ou moins dans un grand nombre de cas, et emploie même des inversions qui ne le cèdent en rien à celles des langues proprement synthétiques. Elle admet ces tours toutes les fois que l'ordre analytique ferait trop attendre certaines idées auxquelles l'esprit donne le plus d'importance et qu'il faut présenter d'une manière particulière pour que ceux à qui nous parlons, comprennent parfaitement le degré d'importance que nous donnons à chaque idée. La langue française fait encore usage de l'inversion lorsque la construction ordinaire nuirait à la force, à la grâce et à la vivacité avec laquelle nous voulons présenter nos idées. Ainsi dans cette phrase : *Déjà prenait l'essor, pour se sauver vers les montagnes, cet aigle dont le vol hardi avait d'abord effrayé nos provinces*; le sujet *cet aigle*, qui d'après notre construction ordinaire devrait occuper le premier rang, se trouve placé après le verbe, et par cette inversion on présente d'abord les idées auxquelles on donne le plus d'importance, *l'essor rapide de l'aigle.*

452. Mais qu'on remarque bien que chaque idée est suivie immédiatement de celle qui la complète : *Prenait, quoi? l'essor; pourquoi? pour se sauver vers les montagnes. Cet aigle, quel aigle?* car *cet* ne vaut pas plus ici que l'article; *dont le vol rapide avait effrayé; avait effrayé quoi? nos provinces.*

453. Ces compléments sont construits ainsi dans toutes les langues. S'écarter de cet ordre, ce serait répandre de la confusion dans le discours, et parler de manière à ne pas être compris.

Observations particulières.

Air.

454. *Cette personne a l'air bonne* n'est pas correct : comme c'est à l'extérieur qu'on applique l'idée de bonté, il faut dire : *Cette personne a l'air bon.*

Mais il faut remarquer que cette expression n'est reçue que pour les personnes; ainsi dites : *Cette robe a l'air d'être bien faite*, et non : *Cette robe a l'air bien fait.*

Aller.

455. Ce verbe se remplace quelquefois par le verbe *être* dans les temps composés; mais l'un

ne s'emploie pas indifféremment pour l'autre: *Il a été à Avignon* se dit d'un individu qui est de retour; *il est allé* ferait entendre qu'il y est encore.

Dans les temps simples, *être* ne peut pas se mettre pour *aller*: *Je fus hier à la campagne* n'est pas correct. Il faut dire: *J'allai hier à la campagne*.

Anoblir, ennoblir.

456. *Anoblir* signifie *donner des titres de noblesse* : *Votre famille a été anoblie par le Roi.*

Ennoblir se dit de tout ce qui donne du lustre: *Les sciences, les beaux arts ennoblissent une langue.*

Capable, susceptible.

457. *Capable*, exprimant une idée de contenance, ne se dit que des choses: *Cette salle est capable de contenir douze cents personnes*. Dans toute autre acception, il s'emploie pour les personnes et pour les choses: *Cette démarche est capable de vous nuire.*

Susceptible ne se dit des personnes que quand il signifie *facile à blesser*: *Il est fort susceptible.*

Éminent, imminent.

458. Un danger *éminent* est un grand danger;

un danger *imminent* est un danger prochain. Un homme qui fait une entreprise téméraire, est dans un danger éminent; un soldat qui monte à l'assaut est dans un danger imminent.

En un moment, dans un moment, dans le moment.

459. *En un moment* marque le temps qu'on met à faire une chose; *Dans un moment* fait naître l'idée d'un temps écoulé avant qu'on passe à autre chose; *Dans le moment* signifie *avant que le temps soit écoulé*: *Dans le moment je suis à vous, et en un moment nous terminerons ce que nons avons à faire ensemble. Monsienr va venir dans le moment.*

Entendre raillerie, entendre la raillerie.

460. *Entendre raillerie* se dit d'une personne qui ne se fâche point d'une plaisanterie; *entendre la raillerie* signifie *railler avec finesse.*

Envier, porter envie.

On envie une chose et l'on porte envie à une personne: *Il envie les succès des autres; on ne doit porter envie à personne.*

Espérer, promettre, compter.

461. On ne peut *espérer, promettre, compter* que pour l'avenir. C'est donc une faute d'em-

ployer ces verbes avec un présent ou un passé. On ne dira pas : *J'espère que vous êtes sage ; je vous promets que Pauline se porte bien ; je compte que vous êtes plus laborieux* ; dites : *je crois que vous êtes sage ; je vous assure que Pauline se porte bien ; je pense que vous êtes plus laborieux.*

Eviter.

Ce verbe donne lieu à une faute bien commune; il signifie *fuir* : *J'ai voulu vous éviter cette peine* est équivalent à : *J'ai voulu vous fuir cette peine.* Comme on ne dit pas : *Fuir une peine à quelqu'un,* Il faut se servir du verbe *épargner* : *J'ai voulu vous épargner cette peine.*

Fixer.

463. Ce verbe n'a pas le sens de *regarder;* ne dites donc pas : *J'ai beau fixer, je ne vois pas l'étoile dont vous me parlez* ; dites : *J'ai beau regarder,* etc.

Imposer, en imposer.

464. *Imposer* signifie *imprimer le respect ; en imposer*, c'est mentir : *Un maître impose à ses élèves* ; *un élève en impose à son maître.*

Matinal, matineux, matinier.

465. *Matinal* signifie *qui s'est levé matin : Vous êtes matinal aujourd'hui ; matineux* exprime l'ha-

bitude de se lever matin : *Les belles dames ne sont guères matineuses; matinier* signifie *qui appartient au matin : L'étoile matinière.*

Observer.

466. On ne doit pas dire : *Je vous observe, j'observe à l'assemblée que* etc., *je vous observe* signifiant *je vous épie*, et *j'observe à l'assemblée, j'épie à l'assemblée*, qui n'a pas de sens; dites : *je vous fais observer, je fais observer à l'assemblée que* etc.

Plier, ployer.

467. *Plier* signifie *mettre en plusieurs doubles : Plier du linge; ployer* signifie *courber, fléchir : Ployer une branche d'arbre.*

Ils s'emploient l'un et l'autre au figuré pour exprimer l'idée de soumettre.

Second, deuxième.

468. *Second* marquant l'ordre peut s'employer dans tous les cas ; *deuxième* convient seulement quand il s'agit d'une série : *Le second volume* se dit d'un ouvrage quelconque ; mais on ne dirait pas le *deuxième volume* d'un ouvrage qui n'aurait que deux volumes.

Se plaindre.

469. La plainte peut avoir lieu avec ou sans motif, quand on dit *se plaindre que*; aussi à cause

de l'incertitude, le second verbe est au subjonctif: *Il se plaint que vous l'ayez trompé.* Elle est fondée quand on dit *se plaindre de ce que*: *Il se plaint de ce que vous l'avez trompé.* A cause de la certitude le second verbe est à l'indicatif.

De la Ponctuation.

470. La ponctuation sert à unir les idées, à faire distinguer le sens des phrases ou des périodes dont le discours se compose, et par suite à marquer les pauses qu'il faut faire en lisant.

Pour bien ponctuer il faut connaître la métaphysique du langage, comme pour faire un bon cours de psychologie, il faut connaître les facultés de l'âme. S'il s'agissait simplement des repos exigés par la respiration, nous ponctuerions tous de la même manière, et tous d'une manière convenable, parce que nous serions guidés par un besoin qui est le même chez tous. Mais les artifices de langage, l'expression de nos pensées qui ne sont presque jamais reproduites d'une manière parallèle, compliquent la ponctuation de règles dont la connaissance parfaite demande beaucoup de sagacité.

La ponctuation est basée sur la nature et sur la généralisation des idées. La nature nous présente des individualités composées: si le langage ne répond pas à ces individualités par une expression unique, l'assemblage de mots dont nous sommes obligés de nous servir, n'est pas plus divisible que l'individu qu'il est chargé de représenter. Si j'ai, par exemple, l'idée d'un objet particulier, distingué de tous les autres, et que je ne puisse le représenter par un seul mot, tous les termes que l'expression nécessitera, devront être unis les uns aux autres sans solution de continuité, comme les différentes lettres du mot *Paul*: Les mots *l'homme dont vous m'avez parlé* ne pouvant être séparés sans cesser d'exprimer l'individu qu'ils doivent représenter, sont, sans interruption, à la suite les uns des autres jusqu'à l'expression entière de l'idée. De même, si nous n'avons pas un mot unique pour exprimer un attribut, tous les termes que l'énonciation exigera, devront se donner la main pour répondre à la synthèse de l'intelligence; ainsi dans cette proposition: *L'homme dont vous m'avez parlé, a composé des ouvrages*, les mots, *des ouvrages*, étant nécessaires pour compléter l'idée de l'attribut *composant*, lui sont aussi juxta-posés. Ils pourraient être eux-mêmes compliqués d'une ou de plusieurs propositions qui, à leur tour, s'uniraient intimement à eux: *L'homme dont vous m'avez parlé, a composé des ouvrages qu'on estime et qui sont réellement utiles.*

Dans la nature les qualités ne sont pas séparées des substances; dans le discours les adjectifs ne doivent pas être séparés des substantifs. Les qualités ne faisant qu'un avec les objets, si un seul mot ne suffit pas à l'expression de la substance et des modifications, tous les termes nécessaires à l'énonciation, devront être, sans interruption, à côté les uns des autres: *robe blanche*, *livre utile*, *table ronde*.

Comme l'existence est inséparable de l'objet auquel elle est applicable, le sujet n'est jamais séparé de son verbe: *Dieu est*; et si ce mot *est*, qui dans ce cas est synonyme *d'exister*, se sépare de l'attribut qu'il contient, nous aurons sans interruption: *Dieu est existant*, parceque la substance et l'attribut coexistent, et que rien ne doit séparer dans le discours des idées que l'intelligence a rapprochées.

Si le sujet est quelquefois séparé de son verbe, c'est lorsqu'il nous plaît de donner au premier quelque développement pour rapprocher l'expression autant qu'il est possible de la pensée.

Ainsi comme tout est synthèse dans la nature et dans l'intelligence, tout est synthèse dans le discours. Les signes de ponctuation qui paraissent le plus avoir pour objet de séparer les mots, signes de nos idées, servent encore à unir. Le point, par exemple, dont toute la fonction paraît être de séparer les différentes phrases ou périodes, sert avant tout à marquer la fin de la synthèse d'une somme quelconque d'idées, somme qui alors est distinguée de celle qui la suit, comme tout objet physique par ses contours extérieurs qui lui servent de limite, se distingue de tout objet qui n'est pas lui.

471. Les signes de ponctuation sont la *virgule*, le *point-virgule*, les *deux points*, le *point d'interrogation*, et le *point d'exclamation*.

De la Virgule.

472. On emploie la virgule :

1° Pour éviter la répétition désagréable de la conjonction *et*, lorsqu'on ajoute ensemble des idées de même nature: *Les Tyriens sont industrieux, patients, laborieux.*

Les Tyriens sont industrieux et patients et laborieux serait traînant et dur à l'oreille.

S'il n'y avait que deux mots semblables, on mettrait la conjonction à la place de la virgule : *Les Tyriens sont industrieux et patients ; Il n'a pas reçu votre lettre ni la mienne ; ni* comprend *et.*

La règle est la même s'il s'agit d'ajouter les unes aux autres des propositions peu étendues et de même nature : *On se menace , on court , l'air gémit , le fer brille.*

2° Après une proposition incidente-essentielle employée pour déterminer une idée, parce qu'on a besoin de respirer : *les louanges que le cœur donne , sont celles que la bonté s'attire.*

On ne peut point la mettre après le substantif *louanges*, parce que la proposition *que le cœur donne* est partie intégrante du sujet. En effet la phrase : *Les louanges sont celles que la bonté s'attire* ne se dit point des louanges en général, mais des louanges que le cœur donne.

Au contraire, la proposition incidente non-essentielle, dont toute la fonction est d'ajouter une explication qui n'est pas nécessaire au sens, se met toujours entre deux virgules : *Paul, qui est laborieux, sera récompensé.* C'est pour que l'esprit unisse immédiatement au sujet *Paul* l'idée d'existence exprimée par le verbe *sera* et celle de l'attribut *récompensé.*

Il en est de même toutes les fois qu'il s'agit d'un mot et d'un assemblage de mots qu'on peut retrancher sans nuire au sens de la phrase : *Sont-ce là, ô Télémaque, les pensées qui doivent occuper le fils d'Ulysse ? Quand vous viendrez me voir dimanche prochain, nous causerons de cette affaire.*

3° Pour annoncer qu'un verbe précédemment exprimé est sous-entendu : *L'amour de la gloire meut les grandes âmes, l'amour de l'argent, les âmes vulgaires.*

La première virgule est pour la respiration ; la seconde annonce que le verbe *meut* est sous-entendu : *L'amour de l'argent meut les âmes vulgaires.*

Du Point-Virgule.

473. Le point-virgule, comme la virgule, tient la place de la conjonction *et* dont la répétition serait désagréable.

On se sert du point-virgule :

1° Pour unir des propositions principales semblables et qui ont une certaine étendue :

> Soyez ici des lois l'interprète suprême ;
> Rendez leur ministère aussi saint que vous-même ;
> Enseignez la raison, la justice et la paix.

2° Pour unir des propositions incidentes qui

sont sous la dépendance d'une autre proposition et qui ont une certaine étendue :

Lorsque Métellus vit que le roi conservait encore toute sa fierté ; qu'il fallait recommencer une guerre dont on ne pourrait régler les opérations que sur les démarches de ce prince ; que d'ailleurs il était désavantageux d'en venir aux mains avec de pareils ennemis ; que lorsqu'ils étaient vaincus ils perdaient moins que les vainqueurs mêmes, il résolut de faire la guerre avec une méthode toute différente.

Toutes les propositions, excepté la dernière, dépendent de la première : *Lorsque Métellus vit*, etc.

Des Deux Points.

474. On se sert des deux points :

Pour unir à ce qui précède des idées qui doivent en compléter ou en développer le sens :

Le loup dit à l'agneau : Pourquoi troubles-tu l'eau pendant que je bois.

Les paroles prononcées par le loup sont nécessaires pour compléter ce qui précède.

Il faut, autant qu'on peut, obliger tout le monde :
On a souvent besoin d'un plus petit que soi.

Le second vers exprime des idées qui viennent à l'appui de la nécessité qu'on montre dans le premier d'obliger tout le monde.

Du Point.

475. Le point se met après toutes les phrases

qui n'ont point de rapport ou qui n'ont qu'un rapport général avec celles qui suivent :

Ainsi se disputaient la victoire ces deux grands capitaines. Ils avaient le même mérite, mais non les mêmes ressources. L'un avait d'excellents soldats et une position défavorable ; l'autre, excepté les soldats, pouvait compter sur tout le reste.

Du Point d'Interrogation.

476. Le point d'interrogation s'emploie à la fin d'une proposition ou d'une phrase dans laquelle on interroge : *Avez-vous vu le jeune homme que je vous ai envoyé ce matin ? Vous a-t-il promis ce que vous lui avez demandé ?*

L'interrogation qui n'existe que dans la forme, n'est point considérée comme telle : *Avait-il soupé, il s'en allait.*

La personne qui parle n'a pas l'intention d'interroger; elle veut dire simplement : *lorsqu'il avait soupé, il s'en allait.*

Du Point d'Exclamation.

477. Le point d'exclamation se met à la fin d'une proposition ou d'une phrase qui exprime l'admiration, la surprise, etc.

Que le Seigneur est bon ! Que son joug est aimable !
Heureux qui, dès l'enfance, en connaît la douceur !

Ponctuation fautive.

478. *Vous êtes surpris que je me plaise, si fort à ma terre de Laurentin. Votre étonnement, cessera quand vous connaîtrez la beauté de la maison de campagne, les avantages de sa situation; elle n'est qu'à dix-sept milles de la ville, de sorte qu'on peut y aller, après avoir terminé toutes ses affaires, et sans rien perdre de sa journée. Deux chemins y conduisent, celui de Laurentin et celui d'Ostie. Si vous prenez le premier, il faut le quitter au quatorzième mille, si vous prenez le second, il faut le quitter au onzième. Tous les deux aboutissent à un autre, où les sables rendent le voyage un peu plus pénible et un peu plus long pour les voitures; un homme à cheval le trouve plus doux et plus court. La vue des deux côtés est variée. Tantôt le chemin est resserré par des bois, tantôt il s'ouvre et s'étend dans de vastes prairies. On y trouve beaucoup de troupeaux de moutons, de chevaux et de bœufs qui s'engraissent dans les pâturages et jouissent des douceurs du printemps dès qu'il a chassé l'hiver de leurs montagnes.*

La virgule qui se trouve après le verbe *plaise*, doit être supprimée, parce que les mots suivants jusqu'au point étant nécessaires pour compléter l'idée exprimée par ce verbe, ne peuvent point en être séparés.

Celle qui est après le substantif *étonnement*, ne peut pas non plus rester, parce que le verbe doit toujours être à côté de son sujet, lorsqu'il n'en est pas séparé par des mots donnant une explication dont on peut se passer.

Après le mot *situation*, le point-virgule doit être remplacé par un point, parce que la phrase suivante n'a qu'un rapport général avec celle qui précède.

La virgule mise après le verbe *aller* est fautive. En effet, dire qu'on peut y aller, ce serait ne rien dire, parce qu'on peut toujours aller à une maison de campagne quelque éloignée qu'elle soit ; on veut dire qu'on a le temps d'y aller après avoir terminé toutes ses affaires de la journée, et les mots qui suivent le verbe *aller*, sont nécessaires pour compléter la pensée.

Le point qui est après le mot *variée*, doit être remplacé par deux points, parce que la phrase suivante développe la proposition : *La vue des deux côtés est variée.*

FIN.

On trouve assez souvent un tour tout-à-fait semblable dans Velléius Paterculus : il met à l'ablatif un participe passé passif qu'il fait suivre d'une phrase commençant par *quod*. Il n'y a que deux manières de considérer cet ablatif : ou il s'accorde avec le mot *hoc*, *cela*, sous-entendu, ou il joue le rôle d'une préposition ayant pour complément la phrase qui le suit.

www.ingramcontent.com/pod-product-compliance
Ingram Content Group UK Ltd.
Pitfield, Milton Keynes, MK11 3LW, UK
UKHW021138260726
13994UKWH00001B/201